陕西省社会科学基金项目（2021D036）"数字普惠金融对陕西省县域经济高质量发展的影响路径及对策研究"

西安理工大学博士启动基金项目（105-451122011）"数字普惠金融赋能陕西省县域经济高质量发展研究"

沈

燕◎著

数字普惠金融

——经济增长的新动力

DIGITAL FINANCIAL INCLUSION:

A NEW IMPETUS OF ECONOMIC GROWTH

经济管理出版社

ECONOMY & MANAGEMENT PUBLISHING HOUSE

图书在版编目（CIP）数据

数字普惠金融：经济增长的新动力/沈燕著 . —北京：经济管理出版社，2022. 10
ISBN 978-7-5096-8780-2

Ⅰ.①数…　Ⅱ.①沈…　Ⅲ.①数字技术—应用—金融业—研究—世界　Ⅳ.①F831-39

中国版本图书馆 CIP 数据核字（2022）第 195372 号

组稿编辑：申桂萍
责任编辑：赵天宇
责任印制：黄章平
责任校对：王淑卿

出版发行：经济管理出版社
　　　　　（北京市海淀区北蜂窝 8 号中雅大厦 A 座 11 层　100038）
网　　址：www. E-mp. com. cn
电　　话：（010）51915602
印　　刷：唐山昊达印刷有限公司
经　　销：新华书店
开　　本：720mm×1000mm/16
印　　张：14
字　　数：208 千字
版　　次：2023 年 2 月第 1 版　　2023 年 2 月第 1 次印刷
书　　号：ISBN 978-7-5096-8780-2
定　　价：68. 00 元

前　言

　　数字技术的飞跃式升级为普惠金融指明了新的发展方向，数字金融作为一种新兴的金融业态正在改变着传统的金融服务模式。2016 年 G20 杭州峰会普惠金融全球合作伙伴在《全球标准制定机构与普惠金融——不断演变中的格局》中正式提出数字普惠金融及高级原则，各国普惠金融发展从传统普惠金融阶段升级到数字普惠金融时代。与依托实体银行的传统普惠金融相比，数字普惠金融不受地域限制，具有精准、高效、便捷的优势，小微企业和低收入人群能够通过数字普惠金融体系多渠道、低成本地获得多种金融产品，进而增加创新动力与就业机会，推动投资与消费，并提高收入与产出，最终促进经济增长。近年来，围绕数字普惠金融的研究逐渐增多，但是对于数字普惠金融与经济增长之间关系的研究却相对较少，难以对普惠金融实践提供有效指导。因此，本书试图从理论和实证两个方面剖析数字普惠金融对经济增长的影响，这将对于各国完善普惠金融体系，以数字技术促进金融普惠、推动经济增长具有重要的理论意义和现实意义。

　　本书主要围绕以下四个方面展开：①如何评价一个地区的数字普惠金融发展水平？②数字普惠金融是否影响经济增长？③数字普惠金融影响经济增长的机理是什么？是否存在多个传导路径？④各级政府可以采取哪些措施通过提高数字普惠金融水平促进经济增长？

　　全书共分为九章，具体包括：第一章数字普惠金融的发展起源，追溯了普惠金融的发展，介绍了数字金融对普惠金融的推动作用，以及数字普惠金融在中国的发展。第二章数字普惠金融相关研究综述，在分析大量国内外文献的基础上，系统地梳理了目前有关普惠金融、数字普惠金融与经济增长的相关文献，总结现有研究的脉络体系，并从研究方法、研究角度等方面对现有文献进行归纳与评价，从而找出已有研究的不足以及本书研究需要进一步深入剖析的切入点，为研究提供整体的构架和思路。第三章数字金融的普惠机理，在分析数字金融提高普惠金融水平机理的基础上，通过问卷调查获得一手数据，采用 PLS 偏最小二乘法构建了一个由互联网使用、数字金融产品使用、金融素养及普惠金融组成的结构方程，为数字普惠金融的发展提供有力的支撑。第四章数字普惠金融水平的评价，这一章首先分析现有普惠金融指标体系的优缺点，其次在此基础上提出构建数字普惠金融指标体系的必要性。分别设计了跨国数字普惠金融水平指标体系和省级数字普惠金融水平评价指标体系，并对 105 个国家/地区和我国 31 个省（自治区、直辖市）的数字普惠金融水平进行了评价。最后运用空间计量方法通过计算莫兰指数对数字普惠金融指数的空间自相关性进行了分析。第五章数字普惠金融对经济增长影响的理论分析与模型构建，分析数字普惠金融影响经济增长的驱动效应，以内生增长理论为基础，将数字普惠金融拆解为技术进步和政府干预构建数字普惠金融影响经济增长的理论模型，在此基础上引入信贷约束、创业、投资和城乡收入差距等中介变量，剖析数字普惠金融对经济增长的影响机理，提出相应假设并进行模型设定。第六章时间维度视角下数字普惠金融对经济增长影响的实证分析，从时间维度出发分别在跨国层面和省级层面采用传统计量分析方法进行基准回归分析，然后进行异质性分析和稳健性分析，实证一个地区数字普惠金融发展能够促进本地区经济增长。第七章空间维度视角下数字普惠金融对经济增长影响的实证分析，从空间维度出发在跨国层面和省级层面首先分析经济增长水平的空间自相关性，其次分别使用空间滞后模型、空间误差模型和空间杜宾模型进行估计，最后选择空间杜宾模型分析得出数字普惠金融水平对周边相邻地区经济增长会产生空间溢出效应。再分析不同分维度指数对经济增长的影响，针对我国省级层面又进行了分区域研究，探讨不同区域数字普惠金融对经济增长空间溢出效应的差异。第八章数字普惠金融影响经济增长的传导路径实证分析，运用中介效应模型分别验证信贷约束、创业、投资和城乡收入差距在数字普惠金融影响经济增长的过程中是否具有中介作用，从而打开数字普惠金融影响经济增长的黑箱。第九章主要结论和政策建议，总结了本书主要研究结论，提出通过提高数字普惠金融水平促进经济增长的政策建议，并指出研究的不足以及后续的研究方向。

本书的创新性工作及结论如下：

第一，构建了跨国层面和地方层面两个数字普惠金融水平评价指标体系。现有文献没有专门对跨国数字普惠金融水平进行评价的指标体系，而国内对数字普惠金融评价的指标体系主要是根据支付宝的使用情况设计，未能涵盖传统金融产品及服务。本书的研究首先根据数字普惠金融的特征，在普惠金融评价指标体系的基础上增加能够反映数字金融特性的指标，基于世界银行和国际货币基金组织的公开调查数据构建了可用于跨国比较的数字普惠金融水平评价指标体系；其次以中国为例采用经济和金融统计数据设计了一个既包含传统金融和数字金融产品及服务，又能够在一国国内地区间进行比较的数字普惠金融水平评价指标体系，以此为基础计算出了跨国（105 个国家/地区）数字普惠金融指数和省级数字普惠金融指数。这一创新弥补了现有研究的不足，并从更全面的角度评价了我国各省（自治区、直辖市）的数字普惠金融水平。

第二，构建理论模型深入剖析数字普惠金融影响经济增长的机理，并实证分析信贷约束、创业、投资和城乡收入差距在数字普惠金融影响经济增长过程中的中介作用。目前学术界围绕数字普惠金融对经济增长影响的理论研究尚有不足，尤其是对影响机理和路径的研究有待深入。本书的研究提出了数字普惠金融影响经济增长的三个驱动效应，然后以内生增长理论为基础，运用生产函数构建了数字普惠金融影响经济增长的理论框架，接着分析了数字普惠金融对经济增长的直接作用和间接传导路径，并运用中介效应模型通过实证分析验证了信贷约束、创业、投资和城乡收入差距这四个中介变量的效用，打开了数字普惠金融影响经济增长的黑箱。

第三，分别从跨国层面和省级层面实证了一个地区的数字普惠金融发展不但对本地区经济增长有正向影响，而且会对周边地区经济增长产生影响，即存在空间溢出效应。现有文献没有关于各国数字普惠金融对经济增长影响的实证研究，本书的研究在计算了105个国家/地区的数字普惠金融指数之后，分别从时间和空间角度分析了数字普惠金融对本国及周边国家/地区经济增长的影响。由于国内关于省级数字普惠金融对经济增长影响的实证分析多为单一视角，因此本书的研究进行了两个角度更全面的实证检验。

本书首先利用传统计量分析方法从时间维度分析实证一个地区的数字普惠金融水平的提高对本地区经济增长有显著促进作用，并且在跨国层面实证发现该影响在高收入和中高收入国家显著，在中低收入和低收入国家不显著。在省级层面则发现东部地区和西部地区的数字普惠金融对经济增长影响非常显著，中部地区不显著。其次运用空间杜宾模型，发现无论是跨国层面还是省级层面，一个地区数字普惠金融水平的提高都会对周边地区的经济增长产生空间溢出效应。通过分解空间杜宾模型的直接/间接效应和异质性分析，还发现我国中部和西部地区一省的数字普惠金融水平对周边省份经济增长有显著的正空间溢出效应，而东部地区影响则不显著。该创新弥补了现有文献中在国家层面分析数字普惠金融对经济增长影响研究的不足，丰富了相关实证研究。

本书是在西安理工大学扈文秀教授的悉心指导下完成的，扈教授敏锐的学术眼光、正直的处事风格使我受益良多。在此谨向扈教授致以最崇高的敬意和最真挚的感谢，师恩浩荡，永生难忘！感谢西密歇根大学洪嘉阳教授在我赴美访学期间给予我生活和学习上的帮助。一次次学术活动让我充分体会到美国高校的专业学术氛围，洪教授一丝不苟的治学态度也深深地感染了我，让我对学术研究有了重新的认识。感谢西安理工大学经济与管理学院党兴华教授、胡海青教授、薛伟贤教授、李秉祥教授提出的中肯及建设性的建议；感谢王文莉教授、张博副教授、章伟果副教授、张建峰副教授在我研究过程中给予的精辟指导意见。感谢财会与金融系王昕老师、杨沁老师及同门吴婷婷、李苗、付强、杜金柱、杨栎等师兄弟、姐妹们在我学习和研究过程中给予我的不断激励与无私帮助！

感谢我的父母和哥哥，是他们在我学习过程中一直默默地支持我、鼓励我，没有他们的理解与呵护我将无法完成学业。最需要感谢的是我的先生和儿子，这些年来一家人彼此鼓励、共同成长，一路走来有苦有乐，相互扶持风雨同舟，累累硕果也有他们的一份功劳。有了他们的陪伴，我才能心无旁骛地专心工作、悉心研究，才有勇气不断前进！

感谢所有爱我和我爱的人，希望在今后的学习、工作和生活道路上能够一起努力，全力以赴，走完不悔人生路。

沈　燕

2021 年 12 月

目　录

第一章　数字普惠金融的发展起源

一、从金融排斥到普惠金融

要理解普惠金融首先需要了解金融排斥的概念，因为对普惠金融的研究是在金融排斥的基础上展开的。金融排斥研究的先驱、英国地理学家 Leyshon 在1993年首次提出"金融排斥"这一概念。他认为，金融排斥是阻碍穷人及弱势群体获得进入正规金融体系渠道的过程。该定义的特点在于从宏观上把金融排斥界定为正规金融体系整体性的排斥。Rogaly 等（1999）认为，金融排斥是指被信贷、保险、票据支付、方便且合适的存款账户等其他金融服务所排斥。这个从微观角度的界定为各国或地区对金融排斥状况进行调查统计和定量研究提供了依据。

普惠金融源于小额信贷（Microcredit）和微型金融（Microfinance）的理论实践，但它比小额信贷和微型金融的层次更高、含义更宽泛。从2005年起各国小额信贷从业机构、研究机构、投资机构、政府机构、国际组织协商谋求构建一个能够有助于小额信贷和微型金融发展的金融体系，而这个体系的宗旨就是消除金融排斥为社会底端群体提供有效的金融服务。至此，与金融排斥相对的概念——

"普惠金融"成为各国消除贫困、推动经济发展的目标。

世界银行定义普惠金融是指居民能够广泛获得各类金融产品服务，且没有价格或非价格方面的障碍。世界银行扶贫协助小组将普惠金融定义为：所有工作年龄人口（包括那些被排斥在当前金融体系之外或服务不足的人群）都能获得由正规金融机构提供的有效的信贷、储蓄、支付、转账和保险服务的状态。

我国政府公布的《推进普惠金融发展规划（2016—2020年）》首次从国家层面明确了普惠金融的定义：普惠金融是指立足机会平等要求和商业可持续原则，以可负担的成本为有金融服务需求的社会各阶层和群体提供适当、有效的金融服务。

我国在普惠金融方面的实践探索经历了以下过程：

（1）公益性小额信贷阶段。

1995年，中国社会科学院农村发展研究所在河北易县采用孟加拉国格莱珉银行模式建立了中国第一家小额扶贫信贷机构——扶贫经济合作社。这一阶段的资金来源主要是个人或国际机构的捐助及软贷款，其目的是改善农村地区的贫困状况。

（2）发展性微型金融阶段。

2001年，中国人民银行公布实施《农村信用合作社农户小额信用贷款管理指导意见》，采取"一次核定、随用随贷、余额控制、周转使用"的办法开展根据农户信用而非抵押或担保的农户小额信贷。至此，正规金融机构开始全面参与到农村小额信贷中，初步形成了我国微型金融体系。

（3）综合性普惠金融阶段。

2005年，中央一号文件《中共中央　国务院关于进一步加强农村工作提高农业综合生产能力若干政策的意见》明确提出，"有条件的地方，可以探索建立更加贴近农民和农村需要、由自然人或企业发起的小额信贷组织"。此后我国小额信贷机构和村镇银行迅速兴起，传统银行金融服务体系开始将小微企业作为服务对象。该阶段的普惠金融服务体系包括支付、汇款、借贷、典当等出现了网络化、移动化发展趋势。

（4）创新性互联网金融阶段。

2011年，我国互联网金融门户如P2P网贷门户网站、信贷门户网站、保险门户网站、理财门户网站和综合门户网站进入了快速发展期。这些网站可以为用户提供不同的金融咨询与金融产品，以及便捷的互联网支付、互联网借贷、互联网保险和互联网理财等金融服务。前三个阶段的普惠金融体系主要面向农村，针对农民提供服务。从第四阶段开始普惠金融已经升级为数字普惠金融，该体系服务对象包括所有被传统金融体系排除在外的用户，即贫困地区农户、低薪工人（包括农民工）、失业人员以及小微企业。

二、数字金融助力普惠金融实现飞跃

对于数字金融的表述最早可以追溯至20世纪80年代，时任花旗银行CEO的约翰·里德指出，"银行业务都是由位元和字节组成的"，这充分说明了数据在银行业中的重要地位。由此之后的几十年中，数字金融受到理论界和实务界的广泛关注。国内比较公认的关于数字金融的定义是黄益平和黄卓（2018）提出的传统金融机构与互联网公司利用数字技术实现融资、支付、投资和其他新型金融业务模式。

金融行业对实体经济的重大意义可以概括为解决了三类问题：信用错配、流动性错配与期限错配。数字金融在这三方面都给既有金融业带来了创新与变革。

第一，数字金融能够解决信用错配问题。金融业对接的两端，一端是期望获得低风险的债权方或投资方，另一端是存在风险的债务方或被投资方。信用错配的根源在于信息的不对称性，金融业利用自身的专长和规模经济进行尽职调查以缓解不对称信息，促进了融资与投资，有效地提高了资源配置效率。数字金融依赖其科技优势为传统金融业提供了有效的补充，比如很多新兴的消费贷款机构利用GPS定位和人工智能技术实时掌控抵押物的地点和状态，减少了监督成本和信贷风险。

第二，数字金融能够解决流动性错配问题。流动性错配的根源在于经济分工与差异性偏好。金融业利用自身的资产负债表和杠杆优势缓解流动性错配问题。数字金融能够利用大数据更好地预测用户的资金流转需求、缩减闲置资金、增加使用效率，如"余额宝""钱大掌柜"等综合财富管理平台利用互联网技术创新带来的规模经济解决了流动性错配的问题。

第三，数字金融能够解决期限错配问题。出资方希望较短的资金占用周期，而融资方希望较长的资金使用周期。金融业利用其风险管理优势缓解期限错配的问题并促进资金流转。数字金融利用大数据和量化分析更好地管理期限错配风险，进一步推进市场有效竞争，降低存贷款利差的金融摩擦有助于资源的有效配置。

因此，数字金融作为一种新兴的金融业态正在改变传统的金融服务模式。它在传统金融产品与服务的基础上利用数字技术，进一步解决三类错配问题，为推动金融业发展实现普惠金融及经济增长奠定了基础。

数字技术变革为普惠金融规模化带来了真实的可能性。在 2016 年召开的 G20 杭州峰会上，普惠金融全球合作伙伴（Global Partnership for Financial Inclusion，GPFI）在《全球标准制定机构与普惠金融——不断演变中的格局》（GPFI 白皮书）中提出了数字普惠金融及高级原则，这标志着各国普惠金融发展从传统普惠金融升级到了数字普惠金融时代。GPFI 白皮书指出，数字普惠金融（Digital Financial Inclusion）泛指所有运用数字金融服务以促进普惠金融的行为，包括以数字技术为主要手段为难以获得金融服务的群体提供的一系列正规金融服务。

数字普惠金融是通过互联网的技术，借助计算机的信息处理、数据通信、大数据分析、云计算等一系列相关技术在金融领域的应用，它促进了信息的共享，有效降低了交易成本和金融服务门槛，扩大了金融服务的范围和覆盖面，通过数字金融共享、便捷、安全、低成本、低门槛的优势，运用大数据、云计算、人工智能的技术，构建起基于数据的风险控制体系，从而全面提升了金融的风险控制能力，数字普惠金融很好地诠释金融科技的初衷和目标，是让长期被现代金融服务业排斥的人群享受正规金融服务的一种数字化途径。

数字普惠金融是普惠金融发展不可逆转的趋势。相较传统金融机构发展的普惠金融，依托互联网、通信技术、大数据等数字技术的数字普惠金融具有无可比拟的发展优势。信息技术的快速发展突破信息搜集和加工成本高的障碍，提高资源配置的效率，增加了长尾客户获得金融服务的可能性。电商、线上网络平台等积累了大量用户行为数据，通过大数据和云计算利用上述数据来评估对用户的行为风险，提高金融机构为尚未有信用记录的用户提供信贷服务的可能性。移动互联网推动了移动支付的发展，使金融机构突破时间和空间的限制，减少对物理网点的依赖，为贫困地区居民享受金融服务奠定基础。数字技术发展有助于进一步提高高端客户财富管理的效率，提高低端客户金融服务的可获得性，对普惠金融的发展具有不可忽视的推动作用。

与数字金融相比，数字普惠金融更强调普惠作用。数字金融的服务对象是全体客户，而数字普惠金融服务宗旨是为那些被传统金融产品及服务排斥的中小微企业和低收入人群提供正规金融服务，其关注对象是弱势群体，重点目标是帮助弱势群体获得融资，摆脱贫困，核心内涵是如何利用数字技术来提高普惠金融水平。数字技术的广泛运用可以引导更多的社会资本为小微企业和弱势群体提供更好的服务，极大地推动了金融市场的包容和开放性。数字普惠金融集大数据、云计算、移动互联网和普惠金融于一体，有效地扩大了金融服务的覆盖面，从而显著提升了金融产品及服务的获得性，它可以使以前无法获得金融服务的居民享受到由不同金融机构通过多种途径提供的多样的金融产品及服务。

无论是普惠金融还是数字普惠金融都没有离开金融，但其核心已不是简单的金融，而是利用金融改善弱势群体的生存状况，事关社会公平，是社会福利经济学研究的范畴，这显然与"数字金融"有很大区别。可以说数字普惠金融是数字金融与普惠金融的交集产品，是数字金融中针对遭受传统金融排斥的客户所提供的金融产品及服务。它们三者的关系可以表达如图1-1所示。

图 1-1　数字金融、普惠金融与数字普惠金融关系

资料来源：笔者自行绘制。

本书沿袭 GPFI 白皮书的理念，对数字普惠金融定义如下：所谓数字普惠金融，是指在普惠金融的基础上加入数字技术因素，为城镇低收入人群、偏远地区农村人口及中小微企业提供平等、便捷正规金融产品及服务的行为。这个定义表明数字普惠金融是对传统意义上的普惠金融概念的拓展（见图 1-2）。

图 1-2　数字普惠金融含义

资料来源：笔者自行绘制。

数字普惠金融既包括传统金融机构对原有金融产品及服务的数字创新，也包括新兴金融科技公司针对中小微企业或低收入人群提供的数字金融产品，具体包括第三方支付、互联网借贷、互联网理财、互联网保险、众筹等普惠金融产品。

以我国为例，近几年数字普惠金融在服务"三农"、精准脱贫、小微企业融资和居民投资等方面的新服务、新产品不断涌现：①"三农"数据平台。各地为了推进数字农村发展，纷纷加快"三农"数据平台的建设，推动土地确权、流转信息等"三农"数据的有效归集和适度共享将其提供给合规的金融机构规范使用，推进金融服务向农村渗透。②特定扶贫产品。数字普惠金融在扶贫方面更加注重产业带动下的精准扶贫方式：一方面，因地制宜，探索出一系列适用于不同特色产业的扶贫模式；另一方面，银行等金融机构探索出贴近贫困地区和贫困群众融资需求的特色扶贫金融产品和服务。③科技金融服务新模式。自2020年以来，受新冠肺炎疫情的影响，新兴的"非接触"金融服务迅速发展，这丰富了科技金融机构智能响应科技中小微企业需求的金融服务场景，为小微企业客户实时获取金融服务提供了极大的便利。④低起点的投资产品。目前有很多互联网理财产品的单笔购买金额不超百元，提升了网络用户的理财意愿，扩大了理财金融服务的覆盖人群。根据中国互联网络信息中心的统计数据，截至2020年3月，我国购买互联网理财产品的网民规模达到1.63亿，同比增长18.1%。

三、数字普惠金融在我国的发展

近年来，国际组织对普惠金融的关注视角内涵更丰富、维度更多元，涵盖了支付、储蓄、信贷、保险和证券市场领域，而金融服务的实现途径也更加多样，如发展手机银行、银行代理、小额贷款、小额保险，完善信用体系，推进数字化金融创新等。以我国为例，传统金融服务在农村地区的可获得性近几年大大提高，截至2019年6月末，全国乡镇银行业金融机构覆盖率为95.65%，行政村基础金融服务覆盖率为99.20%，比2014年末提高8.10%；全国乡镇保险服务覆盖率为95.47%；银行卡助农取款服务点已达82.30万个，多数地区已基本实现村村有服务。①

尽管我国的普惠金融在发展过程中依托技术取得了一些成绩，基础设施也在不断完善，但它在发展过程中也存在一些问题。传统金融机构由于需要依托实体网点、人员队伍成本高昂且覆盖范围有限，它们往往青睐大型机构而忽略中小型机构，所以很难为弱势群体（如农村居民、城市低收入群体、小微企业等）提

① 数据来源中国普惠金融指标分析报告（2019年）［R］. 人民银行金融消费权益保护局，2019.

供平等的金融服务和合适的金融产品。同时，传统金融机构为弱势群体提供的业务模式也很难做到可持续。对于受到金融排斥的贫困人群、农民、小微企业、残疾人、低收入人群等金融体系中的特殊群体，金融服务缺失问题不能简单地靠发展传统普惠金融来解决。《中国区域金融运行报告（2019）》显示至2018年底我国银行业金融机构共计22.65万个，较上年末仅增长1.5%。《2018年农村地区支付业务发展总体情况》指出截至2018年末，农村地区每万人拥有银行网点数为1.31个，低于全国水平的1.63个；农村地区ATM数量为38.04万台，比上年增长0.82%，万人拥有数量为3.93台，低于全国水平的6.95台。另外，我国中小微企业约有5600万家，其中41%的企业存在信贷困难，超过2300万个中小微企业或无法从正规金融体系获得融资，或从正规金融体系获得的外部融资不能完全满足融资需求。如何更好地满足这些无法在传统金融机构获得服务的客户需求成为摆在我国政府及学者面前的一个挑战性问题。

数字普惠金融能够提供更加开放、包容的金融服务，它创造性地突破了传统金融业服务格局，为扶持低收入人群和小微企业发展，推动经济增长提供了新动力。近年来，智能手机、无线覆盖、新数字产品和平台的迅速普及正在极大地改变普通中国人的生活。第45次《中国互联网发展状况统计报告》显示，截至2020年3月，中国网民规模达9.04亿，互联网普及率为64.5%，手机网民约8.97亿，网民中使用手机上网的人群占比为99.3%。这为推广使用数字金融产品及服务打下了坚实的基础。

2013年6月，余额宝的出现使互联网金融迅速引发社会关注，同时带来的是移动支付、互联网理财的迅速发展。2018年我国数字支付市场总规模达到29000亿美元，比2012年增加了20倍。截至2020年3月，我国网络支付用户规模达到7.68亿，使用手机网上支付的居民达7.65亿。互联网支付之所以能够在我国迅速普及，其内在原因是产品设计及理念的互联网化、体现出的平等性与可得性，关键在于其释放了人们对金融服务的需求。

P2P（peer-to-peer）网络借贷兴起的初衷是服务于没有被银行覆盖的人群。2007年我国网贷行业起步，并在短短几年的时间内在国内兴起并快速发展，

2018 年末，我国的 P2P 借贷平台已经超过 800 家，可统计的平台当年线上累计交易额超过 100 亿元。在数字普惠金融领域，资金供给与需求双方往往主体数量多、信息透明化程度低、单笔资金供应量小，这就会增加信息处理的难度和成本，如国内的网贷平台拍拍贷，其单笔均借款额度大约只有 4000 元，日均交易额超过 5000 万元。依靠计算机、云计算等技术带来的强大计算能力和储存能力进行批量化处理，可以有效解决进入门槛的问题，使数字普惠金融的效果出现端倪。尽管由于相关法律、监管、信息披露制度的不完善导致 2020 年底我国 P2P 平台已全部"清零"，但是作为互联网创新行业，在国外 P2P 网贷业务被视为替代金融的一个重要组成部分，英国、美国等国的 P2P 网贷行业已趋于成熟。相信随着我国政策调控、法律监管、借贷双方参与者金融意识等方面的提升，P2P 网贷平台终将会再次以崭新的面貌重回数字金融舞台并成为数字普惠金融的重要组成部分。

在从融资方面来看，中国银行业小微企业贷款余额至 2019 年底为 36.9 万亿元，同比增速 10.1%，涉农贷款余额 34.24 万亿元。金融机构通过数字普惠金融为 261 万户中小企业和 1.7 亿农户建立了信用档案并向其中的 46 万户中小企业和 9165 万农户提供了信贷支持。① 截至 2019 年 6 月底，蚂蚁金服旗下的网商银行已向超过 1500 万家小微企业提供了 2 万亿元的贷款服务。数字金融依托互联网通过其便捷的操作方法打破地域上的限制，改变了人们的消费方式和生活形态，成为普惠金融发展的重要组成部分，为小微企业提供资金支持，扩大了金融服务的覆盖广度，优化了金融资源的合理配置。

---

① 数据来源：中国普惠金融发展报告（2020）［R］. 中国普惠金融国际识途论坛，2020.

第二章　数字普惠金融相关研究综述

一、金融发展与经济增长关系的相关文献综述

1939 年英国经济学家 Harrod R. F. 在《经济学杂志》上发表了《论动态理论》一文。在文章中他批评了凯恩斯宏观经济学所使用的短期静态分析方法以及把研究重点放在对未来的不确定性和人们的心理预期分析上的做法，他指出忽视经济增长问题缺乏对国民收入长期和动态的分析是凯恩斯理论体系的根本缺陷。Harrod 力图建立起一种旨在反映国民收入长期发展的动态的经济增长理论，他的这篇论文被认为是现代经济增长理论产生的标志。美国经济学家 Domar E. D. 在《资本扩张增长率和就业》中总结了在实质上与哈罗德模型一致的经济增长理论。西方经济学界把他们二人的增长模型称为"哈罗德-多马模型"（Harrod-Domar Model）。

1956 年 Solow 和 Swan 各自提出了一个新古典经济增长模型试图解释经济增长的过程及原因，这个模型被称为 Solow-Swan 经济增长模型或外生经济增长模型。它完善了哈罗德-多马模型的生产技术假说，采用资本和劳动可替代的新古典 Cobb-Douglas 生产函数从而处理了 Harrod-Domar Model 中经济增长率与人口

增长率不能自发相等的难题。

1986 年 Romer P. M. 在《收益递增经济增长模型》一文中提出了内生经济增长理论。他认为技术进步是经济增长的本源，是所有主体共同积累实现了规模效应的结果。该理论强调以革新、技术进步、人力资本进步为基础来剖析经济增长的机理。根据 Romer 的理论，发展中国家为了能够实现长期稳定的经济增长，最重要的是构建一种使新技术或革新能够产生和用于生产的机制，因此发展中国家的政府在进行宏观政策的制定时应该考虑研究与开发、人力资本教育、激励革新和保护创新。

国内外关于金融发展对经济增长影响的研究主要从以下几个方面展开：

（1）宏观层面。

早在 1969 年，Goldsmith 通过对 35 个国家的研究发现金融发展水平与经济增长呈正相关关系。King 和 Levine（1993）的实证分析结果表明一个国家的金融发展水平有助于预测其未来 10~30 年的经济增长率，其结果与熊彼特的观点一致，认为金融中介机构提供的服务可以促进经济的长期增长。Pagano（1993）基于内生增长模型研究发现金融中介可以通过储蓄率或社会的边际生产率影响经济增长。Levine（1997）指出，金融具有动员储蓄、分配资源、行使公司控制权、促进风险管理、简化交易这五个职能，而且能够经过资本积聚和技术革新这两个渠道促进经济增长。

（2）中观层面。

Rajan（1992）对比 36 个国家的不同产业发现由于金融发展可以降低企业外部融资成本，因此金融市场发达的国家通过外部融资的工业部门会比其他国家发展得更快。Wurgler（2000）研究发现资本市场通过信息传递、资本积累、限制对衰落行业的过度投资这三个途径对经济增长产生影响。Rousseau（2000）对 47 个国家的数据研究结果表明股票市场和传统金融中介是促进经济增长的重要力量。Llyina（2011）和 Nicola（2002）对美国不同行业分析发现银行及金融市场通过将资源引向研发驱动的增长行业或年轻企业能够推动该国的经济增长。

（3）微观层面。

Demirguc-Kunt 和 Huizinga（1998）运用 IMF 企业数据库数据研究发现资本市场和金融机构的发展可以促进企业发展进而推动一国经济增长。Love（2003）采用结构方程模型从微观层面研究表明金融发展可以通过减少信息不对称和企业融资约束来促进经济增长。

作为世界上较大、发展较快的经济体之一，中国金融领域的发展对经济增长产生的影响也是国内外学者研究的热点。Allen 等（2003）研究发现，在中国非正规金融部门适用的法律和金融机制比正规部门差很多，其发展更快并为经济的大部分增长提供了更多的支持。与此相反，Ayyagari（2008）通过对企业进行问卷调查研究发现没有证据表明非正规金融部门与经济增长有关，该文认为正规融资渠道才是真正促进中国经济增长的原因之一。Chen（2006）研究指出中国的金融中介机构通过用贷款代替国家预算拨款和动员家庭储蓄这两条途径为中国经济增长作出了很大的贡献。林毅夫和孙希芳（2008）从银行业机构的角度分析发现我国中小金融机构市场份额的上升促进了经济增长，大型国有银行的规模与经济增长率呈负相关。Hasan 等（2006）通过对中国金融深度的研究指出由于国有企业的大量不良贷款导致中国的银行贷款很难促进经济增长，但是中国资本市场的快速发展对推动经济增长还是起到了非常明显的促进作用。Cheng 和 Hans（2010）的研究却发现与非银行金融机构相比，中国的商业银行贷款对经济的增长从统计意义上和经济上具有显著的积极作用。王巍和陶长高（2010）指出资本市场作为虚拟经济发展的重要平台，对促进实体经济的发展发挥着重要作用。李苗苗等（2015）研究发现，在经济发展较慢的地区，以银行为主的金融结构能够直接促进该地区的经济发展，金融发展规模可以间接地推动经济增长。国内学者的研究结果都表明金融发展对经济增长具有明显的正向推动作用（周立，2002；陆静，2012；于同申等，2012）。

二、数字普惠金融相关文献综述

1. 普惠金融相关研究

由于金融排斥最初表现为地理排斥，因此学术界对普惠金融最早的定义主要集中在产品接触性。随着对普惠金融研究的不断深入，Regan 和 Paxton（2003）将普惠金融的内涵扩展到了需求宽度与参与深度。需求宽度主要指客户能够接触到各种基本金融产品与服务，如银行账户及负担得起的信贷和保险产品，参与深度则是指客户具备使用金融产品和服务的能力及机会。Allen 等（2010）也认为普惠金融主要包括金融服务的可获得性和使用性，前者取决于金融产品及服务的供给方即金融机构营业网点和 ATM 机的分布和密度，后者则由供求双方共同决定。对于普惠金融服务的对象，Fernande 认为普惠金融应重点关注低收入者、失业人员等弱势群体，而 Leeladhar（2006）、Sarma（2008）、Charkravarty（2011）则认为普惠金融应该是让每一个居民都有权利以合理的成本公平地享受金融产品与服务，而不是针对某个特定的群体。国内学者田霖（2013）指出普惠金融是个体、群体、企业、组织或者地区等接触并融入金融系统的过程和状态。王国红（2015）从供需双方的角度指出，发展普惠金融的目的一方面鼓励金融机构为消费者提供多样化的金融服务，另一方面能够让居民以合理的成本获得这些金融产品与服务。

围绕影响普惠金融发展水平因素的研究，Alpana（2009）的研究分析发现，人均 GDP 与家庭（或企业）获得和使用正规金融服务之间存在稳健的正相关关系，正规金融服务的人口比例与城市化水平之间存在较弱的正相关关系。Ledgerwood（2013）以塔吉克斯坦为研究对象发现银行集中度是影响普惠金融水平的重要因素。Sarma（2010）利用 49 个国家的数据分析得出，高收入水平的国家普惠金融水平相对较高，即人均收入水平会影响普惠金融发展。田霖（2012）的研究结果表明收入、技术、社会关系等都是影响普惠金融非常显著的因素。王修华（2016）从微观角度出发指出，受教育程度、家庭年收入、连接互联网情况，以及新型信贷模式和金融知识宣传对农户普惠金融性具有显著的正向影响。

2. 数字金融与普惠金融关系的研究

随着数字技术的发展，国外学者对各种数字金融产品的减贫、普惠作用展开了深入的分析。Mbogo（2010）在对肯尼亚的小微企业进行的调查中发现，移动支付的便利性、成本优势和安全性因素可以助力其成功和发展。Mollick（2014）和 Kuppuswamy（2014）研究指出众筹可以帮助创业企业在更大范围用更低的成本获得融资。Wilson 和 Testoni（2014）验证了网络借贷能够连接地理距离可能很远的资金需求方和供给方。Grossman 和 Tarazi（2014）研究发现数字金融能够通过便利支付、平滑消费，以及便捷存贷款和补贴渠道来帮助肯尼亚偏远地区的农户。在针对撒哈拉以南非洲国家的调查研究中，Etim（2014）发现创新的本土解决方案将帮助 80%没有银行账户的居民在该地区采用和使用移动货币以提升普惠金融水平。Ouma 等（2017）研究发现，在撒哈拉以南非洲国家无论男性还是女性居民使用移动电话提供的金融产品后都增加了储蓄。Ozili（2017）通过对比分析数字金融的优缺点指出，数字金融无论在新兴经济体还是在发达经济体都可以对普惠金融产生积极影响。

伴随着我国在数字金融实践领域的快速发展，学术界围绕互联网金融、数字金融的研究也全面展开。一部分研究以互联网及互联网金融的积极作用为主题，谢平和邹传伟（2012）最早指出，互联网科技与传统金融机构的结合可以缓解原本存在的信息不对称问题、压缩交易成本并且优化资源配置。吴晓求（2015）指出数字金融可以推动金融效率的提升，促进普惠金融的发展。谢平等（2014）、黄益平（2016）、郭峰等（2017）也都发现互联网金融为降低金融交易成本、扩大金融服务领域和提高金融可得性提供了巨大的发展空间。焦瑾璞和黄亭亭（2015）指出，移动互联网的广泛使用为偏远地区提供金融服务创造了有利条件，数字金融在扩大金融服务覆盖面、降低成本和提升效率等方面起到了非常显著的促进作用，因此有助于缓解中小企业的信贷约束。李继尊（2015）的研究发现，互联网金融的发展能够减少传统金融产品及服务对实体网点的依赖，互联网金融产品具有更强的地理穿透性和低成本优势能够有效推进普惠金融发展。张李义和涂奔（2017）指出，互联网金融能够推动我国居民消费结构升级。傅秋子和黄益平（2018）的研究结果表明，数字金融水平的提升会刺激农村消费性正规信贷的需求。

国内另一部分研究则围绕不同数字金融产品对普惠金融的推动作用展开：刘海二（2014）通过对中国农村金融现状的剖析认为手机银行的推广可以解决信息不对称问题，满足普惠金融的需要。谢绚丽等（2018）指出，P2P平台能够利用互联网将资金供需双方跨越地理障碍联系到一起，减少线下的搜集和配对成本。众筹模式则可以让投资者在线上了解创业项目并迅速地获取所需资金。互联网电商供应链金融可以利用互联网获得上下游企业的经营、产生、销售各环节数据，降低了信息不对称并帮助它们增加获得信贷资金的可能性。马德功等（2017）研究了互联网消费金融对居民消费行为的促进作用。张号栋等（2018）研究指出，互联网金融的推广能够释放家庭信贷需求，缓解家庭信贷约束，提升家庭消费水平。邱晗等（2018）发现，余额宝等数字金融产品能够充分利用互联网平台引导居民的小额闲置资金投资于货币基金，可以让低收入家庭获得参与货币市场的机会，帮助那些金融素养不高的客户取得一定的投资收益。王瑶佩和郭峰（2019）、郭峰和王瑶佩（2020）研究指出，数字金融是实现低成本、广覆盖和可持续的普惠金融的重要途径，为经济落后地区赶超发达地区提供了机会。齐红倩和李志创（2019）的研究表明，我国数字金融的快速发展增加了年轻人和女性群体使用金融产品的可能性，但是对老年人和低收入群体表现出较为明显的排斥。钱海章等（2020）探讨了数字金融发展通过创新和创业促进经济增长的渠道。

3. 数字普惠金融的相关研究

数字金融天然具备的普惠特性催生了数字普惠金融。由于数字普惠金融这一概念提出的时间较短，因此国内外相关研究刚刚起步。国际清算银行总裁 Caruana（2015）指出，数字普惠金融可以改善低收入家庭以及微型和小型企业服务不足的局面，但是在监管、标准制定和解决方案方面的挑战非常大，各国政府有责任为金融服务数字化带来的风险和回报做好准备。Peruta（2018）通过聚类分析的宏观经济方法评估数字普惠金融使用水平，提出数字技术能够为被排除在银行系统之外的人提供低成本的金融服务。Manyika 等（2016）对数字金融的研究结果显示，数字普惠金融发展有望让数十亿人的经济前景得以改善，让因缺乏信贷支持而发展缓慢的小微企业迸发创新活力，能够让中国等中等收入国家 GDP 增加5%。Voorhies（2014）指出，如果发展中国家的居民能够方便地使用可负担的数字金融产品，那么各国终将可以解决金融普惠问题。Gabor 和 Brook（2016）的研究表明，数字革命在一个新的层面上扩大了普惠金融的可接触性，在全球范围内为低收入家庭提供了更多可选金融资产。Lai 等（2020）研究发现，由于在线购买可能导致消费对收入的过度敏感，因此数字普惠金融削弱了中国家庭抵御暂时性收入冲击的能力。

国内围绕"数字普惠金融"的研究从 2016 年开始逐步展开。起初主要研究发达国家与国际金融机构的发展经验（王晓，2016；尹应凯和侯蕤，2017），以及我国数字普惠金融的实践与探索（吕家进，2016；黄余送，2016；姜振水，2017）。2017 年以后的文献更多地关注数字普惠金融对不同经济领域的影响，具体在第三部分"4. 数字普惠金融对经济增长间接影响的研究"有详细分析。

三、数字普惠金融与经济增长关系的相关文献综述

数字普惠金融的研究源于普惠金融，近几十年来普惠金融受到了各国政府、学者和金融机构的极大关注。这是因为国内外大量研究表明普惠金融与经济增长或贫困之间存在关联。然而在对普惠金融进行跨区域研究时必须要对普惠金融发

展水平进行评价然后基于评价结果展开相关分析。

1. 普惠金融水平的评价

Beck 等（2007）开创性地提出测度银行服务覆盖程度的八个指标，但是没有使用一个综合指数来对普惠金融水平进行评价。Sarma（2008）借鉴联合国人力发展指数（UNDP）的计算方法首次进行了普惠金融指数的编制用于评价各国普惠金融水平。Sarma（2008）、Rahman（2013）、Nanda（2016）在进行普惠金融的跨国比较时由于数据可获得性的原因主要采用可接触性和使用情况两个维度的指标。之后，国外学者在 Sarma（2008）的基础上不断完善评价指标和评价方法：Aror（2014）和 Gupte 等（2012）增加了交易便利性和交易成本这两个维度，Ambarkhane 等（2016）增加了对保险公司、小额贷款公司及邮局提供金融服务的度量。FUNGÁČOVÁ 和 Weill（2015）及 Zins 和 Weill（2016）使用了全球普惠金融数据库中的银行账户、储蓄与信贷数据进行普惠金融水平的评价。

国内学者焦瑾璞等（2015）、肖翔和洪欣（2014）、吕勇斌等（2015）评价普惠金融时在金融服务可获得性和使用情况的基础上增加了对金融服务质量的测度。此外，李春霄和贾金荣（2012）、范香梅和廖迪（2017）在可获得性和使用情况基础上增加了金融服务的可负担性，具体总结如表 2-1 所示。

表 2-1 已有文献中普惠金融评价指标体系的维度和变量总结

研究文献	维度	变量
Beck 等（2007）	接触性	银行网点和 ATM 分布
	实际使用情况	存款和贷款量占 GDP 的比例、存贷款收入比
Sarma（2008，2010，2012）	可接触性	每千人拥有的银行账户数
	可获得性	银行网点和 ATM 分布
	使用性	存贷款量占 GDP 的比例（2012 年新增）
Arora（2014）	可接触性	银行网点和 ATM 分布
	交易便利性	开办存款账户和支票账户的金额和文件要求、运行存款账户和支票账户的金额要求、办理各类贷款金额限制和审批时间
	交易成本	贷款费、抵押费、转账费用

研究文献	维度	变量
Chattopadhyay（2011）	渗透率	每千人拥有的银行账户数
	可获得性	银行网点
	使用性	存款和贷款量占 GDP 的比例
Gupte 等（2012）	服务范围	金融机构和 ATM 分布、每千人拥有的存款和贷款账户
	使用情况	存贷款总量与 GDP 之比
	交易便利性	金融机构网点、开办存款账户和支票账户的金额及文件要求、运行存款账户和支票账户的金额要求、办理各类贷款金额限制和审批时间
	交易成本	贷款费、抵押费、转账费用
Kunt 和 Klapper（2012）	正常账户使用	ATM 的使用、账户使用目的、替代账户
	存款行为	存款账户使用、存款目的
	借款情况	借款来源、目的，信用卡使用
	保险产品	保险产品的购买
Chakravarty 和 Pal（2013）	一个维度	金融机构和 ATM 分布、每千人拥有的存款和贷款账户、存款与收入之比、贷款与收入的比例
Rahman（2013）	可接触性	金融机构网点
	吸纳率	存款账户数、保险覆盖率
	使用性	存款使用
	满意度	客户对所有金融服务满意程度
Ambarkhane 等（2016）	供给方	金融机构和 ATM 分布、保险公司、邮局和小型贷款公司分布
	需求方	各类存款账户、保险密度和渗透度
焦瑾璞等（2015）；肖翔和洪欣（2014）；吕勇斌等（2015）	可获得性	金融机构和 ATM 分布
	使用情况	账户、贷款、信用卡、网络支付
	服务质量	法律权益保护、信用信息、征信服务
李春霄和贾金荣（2012）；范香梅和廖迪（2017）	服务深度	存款贷款余额
	可得性	银行网点、银行服务人员数
	使用情况	获得贷款企业及农户占比
	可负担度	人均贷款水平占人均收入水平比重

在对原始数据的无量纲化处理方面，学者使用了不同的方法：Sarma（2008）最早使用线性功效函数法，此后多数国内外学者（Arora，2014；Chattopadhyay，

2011；Ambarkhane 等，2016；Yorulmaz，2017；高沛星和王修华，2011；李春霄和贾金荣，2012；吕勇斌等，2015；肖晶和洪欣，2017）在进行普惠金融指数的计算中都使用这种方法，而肖翔（2014）在计算普惠金融指数时使用了改进型指数功效函数对指标进行无量纲化。

针对指标权重的设置方法，部分学者使用主观赋权法，如 Sarma（2008）、Rajan（2012）、Chakravarty 和 Pal（2013）、王伟等（2011）给各个指标赋予相同权重；刘波（2014）按照重要性给三个维度分别赋予权重3、2、1。与之相对应，客观赋权法被更多学者使用：李春霄和贾金荣（2012）、王修华和关键（2014）使用变异系数法；张国俊等（2014）、葛和平（2018）采用熵值法；焦瑾璞等（2015）、苑珂珂和宋良荣（2017）使用层次分析法计算指标权重。

现有研究中计算普惠金融指数使用的指数合成方法各有不同：Sarma（2008）、Chakravarty（2013）、高沛星和王修华（2011）、郭峰等（2020）使用加权算术平均法；王伟等（2011）、李春霄和贾金荣（2012）、王修华和关键（2014）、张国俊等（2014）、焦瑾璞等（2015）使用欧式距离合成法；Yorulmaz（2017）、肖翔（2014）则使用了加权几何平均合成法。

2. 普惠金融对经济增长的影响研究

围绕普惠金融对经济增长影响的研究最初是从不同侧面展开：部分国外文献使用一系列模型来证明缺乏融资渠道如何导致贫困陷阱和不平等（Banerjee 和 Newman，1993；Galor 和 Zeira，1993；Aghion 和 Patrick，1997；Beck 等，2007）；还有部分文献研究证明为居民提供更多金融产品后能够增加储蓄（Aportela，1999；Ashraf 等，2011）、促进投资（Dupas 和 Robinson，2009）、刺激消费（Dupas 和 Robinson，2009；Ashraf 等，2010）、帮助妇女（Ashraf 等，2010）；也有部分研究结果表明，获得信贷和保险产品对受到金融排斥的居民会产生有益的影响（Karlan 和 Morduch，2010；Banerjee 等，2010；Milford，2013）。

在此基础上，围绕普惠金融与经济增长关系的相关研究逐步深入。Galor 等（1993）、Honohan（2004）、Beck 等（2004）认为金融市场不完善会导致缺乏抵押品和信用记录的低收入人群及小微企业面临严重的流动性约束，这种金融排斥使其难以获得资金融通，而普惠金融的发展意味着经济体系中所有参与者都能便捷地获得正规的金融服务，如银行存款、信贷、保险等。当低收入家庭和中小企业能够更方便地获得金融服务时，它们会追求资本稳定以及资源配置的高效率，这将有力地推动一国经济的增长。Beck 等（2006）认为，对于政策制定者而言，其实并不需要太关注于处理经济增长和扶贫之间的关系，只需要构建一个高效的包容性金融体系就能够达到很好的效果。Beck 等（2007）又研究发现，普惠金融体系的缺失将导致收入不平等和经济增速放缓。Sarma 和 Pais（2011）的研究指出，普惠金融水平与经济增长程度具有显著的正相关性，而且居民收入水平、受教育水平以及城镇化率和普惠金融的关系非常密切。Anand 等（2012）通过分析跨国数据证明，普惠金融指数每提高 1%，人均国内净产值可以提高 0.715%，其中金融服务的可得性和使用性与一国的贫困程度呈负相关，因此各国政府应力求通过提高普惠金融水平以实现包容性增长。Sharma（2016）运用回归分析发现，普惠金融的各维度与 GDP 有显著相关性，而且存在部分因果关系。Cull（2013）分析得出金融账户的使用率提高将可能促进经济的增长。Allen 等（2016）的研究结果显示，普惠金融政策的实施可以增加合格账户用户数并鼓励现有的账户持有人使用其账户，更有助于偏远地区及低收入居民获得金融产品和服务。Germana 和 Luisa（2017）指出，普惠金融为所有家庭和企业家（尤其是最边缘的人）提供了负担得起且公平的金融产品获取渠道，可以成为推动经济沿着可持续增长轨迹发展的关键工具。

但是，同一时期有部分学者却发现，如果金融中介在一国金融体系中所占比例较大，则普惠金融可能会对经济产生负面影响。Hellwig（1991）和 Rajan（1992）认为，银行以获利为目的发放贷款使其向企业索取较高贷款利率从而增加企业经营成本，导致企业利润下滑，企业的投资积极性可能会受到影响。Weinstein 和 Yafeh（1998）指出，经济处于衰退阶段时，银行的借贷行为会加剧金融排斥从而抑制企业技术创新阻碍经济增长。Beck（2012）的研究发现，在爆发金融危机的时候，银行往往不能有效地对金融风险起到缓冲作用，反而为了控制内部风险会紧缩流动性从而加剧金融危机。

国内学者对普惠金融与经济增长的研究结论也略有不同。宋汉光等（2014）通过分析 G20 国家发现，与金融发展深度相比，普惠金融水平对经济增长的影响更大，而且对发展中国家的影响相比发达国家更大。杜强和潘怡（2016）及陆凤芝等（2017）研究都发现，普惠金融与地区经济增长之间呈倒"U"形关系，即存在最佳普惠金融指数。当低于该水平时普惠金融水平的增加可以推动经济增长。李涛等（2016）基于跨国数据发现，发达国家与个人金融服务有关的普惠金融指标会对经济增长产生负面影响。龙云飞和李晶（2017）运用截面数据分析得出普惠金融能够提高居民收入水平并显著促进经济增长。

3. 数字普惠金融对经济增长直接影响的研究

数字普惠金融基于互联网技术得以实现，内生增长理论认为互联网可以通过促进发展和使用技术创新加速经济增长。因此国内外学者首先关注了互联网对经济增长影响的研究，他们皆认为互联网普及对经济增长有显著的推动作用。Aker 和 Mbiti（2010）指出，移动电话在非洲的普及可以通过降低搜寻成本、提高公司生产效率、增加就业和促进金融农业卫生教育服务等渠道促进各国经济发展。Atif 等（2012）分析了 31 个经济合作与发展组织成员国 1998~2010 年的数据，发现宽带普及率增长 10% 将使每个成员国的经济增长率提高约 0.035%。Czernich 等（2011）研究发现，宽带渗透率每提高 10% 可以带动人均 GDP 增长 0.9%~1.5%。Andrianaivo 和 Kpodar（2012）通过分析非洲国家的数据发现移动电话的普及可以通过普惠金融促进各国经济增长。国内学者李立威和景峰（2013）通过对我国 31 个省（自治区、直辖市）面板数据的研究证实互联网对中国经济增长具有促进作用，这种促进作用在 2007 年以后逐渐显著：互联网普及率每提高 10%，实际人均 GDP 提高大约 1.38%。

此后，国内外学者在互联网金融的基础上展开了数字普惠金融对经济增长影响的研究。Guo 等（2016）通过编制互联网金融指数发现互联网金融的发展与实体经济以及传统金融部门的发展有紧密联系。国内学者邱峰（2014）和蔡洋萍

（2014）都指出互联网金融可以通过降低金融交易成本实现普惠金融，数字普惠金融对中国经济产生的影响正逐步显现。张李义和涂奔（2017）采用北京大学互联网金融发展指数运用线性内生增长 AK 模型研究发现互联网金融的发展能够有效促进中国宏观经济的增长。詹韵秋（2018）研究发现数字普惠金融对经济增长数量有抑制效应，对经济增长质量有显著的促进作用。郝云平和雷汉云（2018）运用空间计量方法分析了数字普惠金融对经济增长的影响及路径。夏平凡和何启志（2019）分析了互联网普及、数字普惠金融和经济增长三者之间的关系，得出了短期内数字普惠金融可以推动经济增长的结论。蒋长流和江成涛（2020）对我国地级城市的研究结果表明数字普惠金融有助于推动经济高质量发展。

4. 数字普惠金融对经济增长间接影响的研究

自从 2017 年 3 月北京大学数字金融研究中心发布第一期数字普惠金融指数之后，国内学者开始围绕数字普惠金融对经济发展不同方面，如居民收入、城乡收入差距、中小企业创新等的影响展开研究，而以下四个方面对经济增长都有直接影响作用。

（1）数字普惠金融、信贷约束和经济增长的关系。

现有研究普遍认为信息不对称是造成部分企业信贷约束的主要原因（Kaplan 和 Zingales，1997；Love，2003），而数字普惠金融能够增加信息透明度，在一定程度上缓解信息不对称，国内外研究也证明数字金融产品的使用能够缓解企业信贷约束。Beck 等（2015）通过分析肯尼亚企业调查数据发现，移动货币的使用提高了信用关系的价值，从而提高企业贸易信用的意愿，并促进企业部门宏观经济产出的增加。Islam 等（2018）的研究发现中小企业使用移动电话金融服务能够使相关的交易成本降低、流动性增加以及信用度提高，从而缓解信贷约束增加企业固定资产投资。梁榜和张建华（2018）研究指出我国的中小企业普遍面临着信贷约束问题，而数字普惠金融水平的提高能够降低中小企业的信贷约束。喻平和豆俊霞（2020）通过对中小企业上市公司的研究表明数字普惠金融的发展对解决民营中小企业和高科技中小企业的信贷约束问题能够起到很大促进作用。廖婧琳等（2020）指出数字普惠金融能够缓解我国中西部地区、高管无政治背景企业的信贷约束。袁鲲和曾德涛（2020）利用文本分析法分析我国企业融资行为，发现数字金融能够降低企业债务融资成本，进而缓解融资约束。

同时，国外学者研究发现中小企业和低收入人群信贷约束的缓解能够通过消费和投资促进经济增长。Rajan 和 Zingales（1998）的研究表明，金融市场的不完善即信贷约束对企业投资和一国经济增长都会产生显著影响。Sahay 等（2015）所做的 IMF 报告研究表明，无论是大型公司还是小型公司，其信贷约束的缓解对本国经济增长会产生积极影响。Yang 和 Lin（2016）研究指出放松民营企业的信贷约束可以通过促进投资而增加产出，进而推动中国经济增长。

（2）数字普惠金融、创业和经济增长的关系。

中小企业能否顺畅获得融资直接影响其创业活动的顺利展开。谢绚丽等（2018）和张勋等（2019）的研究结果表明，数字普惠金融能够通过弥补传统金融的不足，将金融产品及服务送达到偏僻地区及低收入人群，而且通过减少融资成本缓解中小微企业面临的融资困难，数字技术的创新能够释放更多新商业机会，为创业提供空间。Fuster（2019）分析了美国以金融科技为基础的借贷活动，发现金融科技的运用能够大大提高贷款审批速度，且未增加贷款风险，技术创新提高了美国抵押贷款市场金融中介的效率，并且促进了企业的创新与创业。董玉峰等（2020）指出数字普惠金融能够拓宽创新投入要素的获得途径；滕磊和徐露月（2020）、郑雅心（2020）的研究结论表明数字普惠金融能够对中小企业以及区域创新产生积极的影响。

创业对经济增长的促进作用得到了大量文献的证明。Baumol（1997）和 Sobel（2008）的研究结论都指出生产性的创业能够促进经济增长。Frederic 和 Sautet（2013）通过对社会合作机制以及网络和企业理论的最新研究，解释了生产型创业对发展中国家的经济增长产生有限的影响。José 等（2015）与 Adusei 和 Michael（2016）分别以西班牙企业和非洲企业为研究对象，发现机会驱动型创业较高的地区表现出较高的经济增长率。Crnoga 等（2015）对多个发达国家的研究结果表明创业对经济增长的影响会受到经济发展阶段以及某些年份特定特征的影响而有所不同。国内学者王琨和闫伟（2016）、张明妍等（2017）和王叶军（2019）也得出创业活动对城市及国家经济增长产生正向影响的结论。

（3）数字普惠金融、投资和经济增长的关系。

数字技术在金融领域的推广能够增加更多价格合理的金融产品的供给，从而刺激小微企业及低收入家庭对金融投资产品的有效需求。Bogan（2008）的研究发现，使用计算机及互联网的家庭其股票市场的参与率大大高于使用非计算机的家庭，这主要是因为互联网的使用能够减少金融摩擦（交易成本、信息成本和有限参与机会）。荆文君和孙宝文（2019）指出，数字经济能够增加新的投入要素、提升资源配置效率，而数字普惠金融是数字经济的一部分，它可以通过对小微企业及低收入人群的信贷支持刺激投资需求，提高投资效率。廖婧琳和周利（2020）在对中国家庭金融活动的研究中发现，数字普惠金融水平的提高会增加家庭参与风险金融资产投资的可能性。

有关投资对经济增长贡献的研究由来已久。在 Romer 和 Barro 的内生增长理论中使用人力资本的投资、研发费用等作为投资，仍然证明了高投资率可以带来高经济增长率。从上述结论可以看出，投资的增加会促进经济增长。Long 和 Summers（1991）用美国数据进行的实证研究结论证实了投资对经济增长的正向影响。刘金全和于惠春（2002）、郭庆旺和贾俊雪（2006）分别从固定资产投资和政府公共资本投资的角度验证了投资对经济增长的促进作用。

（4）数字普惠金融、城乡收入差距和经济增长的关系。

数字普惠金融利用数字技术可以提高一国金融发展水平，金融发展水平的提高通过增加金融产品及服务的覆盖，降低金融产品成本能够在一定程度上增加居民收入。Galor 和 Zeira（1993）与 Banerjee 和 Newman（1993）指出金融的发展能够缩小穷人与富人之间的贫富差。Ang（2008）在对印度进行的研究中也发现金融发展有助于减少收入不平等。Geda 等（2008）和 Bittencourt（2007）在对埃塞俄比亚及巴西的城乡差距的研究中指出，获得金融支持是促进低收入人群消费平稳并减少贫困的重要因素。Dupas 和 Robinson（2011）在肯尼亚的调查结果表明，通过提供金融账户就能够增加低收入人群的储蓄，并促使其进行信贷计划从而增加收入。徐敏和张小林（2014）及张晓燕（2016）的研究结论都认为互联网金融能够提高普惠金融水平，该水平的增加可以明显减小城乡收入差距。宋晓玲和侯金晨（2017）采用2011~2015年面板数据实证了数字普惠金融可以缩小城乡收入差距。张子豪和谭艳芝（2018）及熊德平和陈昱燃（2020）从门槛效应角度，张贺和白钦先（2018）及郑志强（2020）从空间计量的角度分析了数字普惠金融对周边地区城乡收入差距的影响。杨伟明等（2020）则从中介效应的角度分析了数字普惠金融通过创业行为增加了居民收入进而减小了城乡收入差距。刘丹等（2019）和孙继国等（2020）的研究都发现数字普惠金融可以增加农民的收入减缓贫困。

虽然城乡收入差距与经济增长的关系目前没有较为统一的结论，但是大多数研究的结论支持收入不平等会阻碍经济增长（Deininger 和 Lyn，1996；Perotti，1996；Panizza，2002）。Barro（2000）的研究指出收入不平等程度的扩大往往会阻碍贫穷国家的经济增长，但是会刺激较富裕地区的增长。Mark（2005）利用美国的州际面板数据研究发现，不平等与增长之间的长期关系本质上是负面的，尤其是对于低收入国家而言，这种负面关系似乎更强。陆铭等（2005）从累积效应的角度证实我国城乡收入差距对经济增长产生负面影响。王少平和欧阳志刚（2007）的研究结果表明，城乡收入差距程度和经济发展阶段会影响我国城乡收入差距对经济增长的负向作用。

四、小结

通过以上的分析可以看出，国内外学者对普惠金融的评价以及普惠金融与经济增长之间关系的研究已经取得了一定有价值的成果，我国学者围绕数字普惠金融对经济增长的影响正展开积极的研究探索，这些成果对于本书关注的数字普惠金融对经济增长的影响研究提供了重要的理论基础和参考价值。但是通过对于现有文献的梳理本书发现已有文献还存在以下三点不足：

第一，现有数字普惠金融水平评价指标体系不够完善。大多数国外研究都围绕普惠金融展开，这些文献中设计的指标体系以反映传统金融机构服务为主，所涵盖的金融产品和服务比较单一，无法反映数字金融在普惠金融中的作用。同时，针对国内数字普惠金融发展水平进行评价的北大数字普惠金融指数由于其数据来源是"支付宝使用情况"，只能从侧面评价互联网金融机构提供产品和服务的情况，未能涵盖传统金融机构提供的数字产品及服务，因此该指标体系只能用于中国境内不同区域的评价，无法推广到中国以外的国家和地区。基于以上原因，本书将构建一个能够进行跨国比较的数字普惠金融评价指标体系和一个指标覆盖面更广的国内地区数字普惠金融水平评价指标体系以弥补和完善对数字普惠金融水平评价的研究。

第二，数字普惠金融对经济增长的理论研究尚有不足。现有国外文献中围绕普惠金融对经济增长影响的研究较多，但是数字普惠金融与普惠金融相比除了涉及传统金融领域，还涉及数字技术的运用，需要考虑增加更多相关理论研究。国内文献只有少量涉及数字普惠金融对经济增长的影响，有关数字普惠金融与经济增长关系的理论分析刚起步，尤其是相关理论模型的构建仍需深入探讨。基于此，本书将结合传统金融与数字技术的特点从理论模型入手，深入剖析数字普惠金融影响经济增长的理论基础。

第三，数字普惠金融影响经济增长的机理研究有待深入。数字普惠金融与普惠金融最大的差别在于它可以逾越"实体金融发展缓慢"这一障碍，利用数字技术跨越性地将金融产品传递到用户手中。因此，数字普惠金融对经济增长的影响具有其特殊性。尽管郝云平和雷汉云（2018）、夏平凡和何启志（2019）分析了数字普惠金融对经济增长的影响作用，但是缺乏深入的机理及影响路径探索。对已有文献的梳理可以发现，数字普惠金融之所以能够给面临金融排斥的低收入家庭和小微企业带来根本变化，是因为它能够缓解小微企业和居民的信贷约束，同时通过增加居民收入、促进投资和鼓励居民创业推动经济增长。因此，本书将信贷约束、收入差距、创业、投资作为中介变量探讨数字普惠金融对经济增长影响的传导路径。

　　针对以上三个问题，本书将从三个方面展开研究，以弥补现有研究的不足之处：首先，构建能够适用于跨国比较以及国内省级间比较的数字普惠金融水平评价指标体系，运用这两个指标体系对各国及国内各省份的数字普惠金融发展情况进行测度，以弥补现有研究的不足；其次，从理论层面构建数字普惠金融影响经济增长的理论模型，分别采用传统计量方法和空间计量方法从跨国层面和省级层面展开数字普惠金融对经济增长影响的定量分析，丰富相关实证研究；最后，引入信贷约束、收入差距、创业、投资这四个中介变量，从理论和实证两个角度剖析数字普惠金融影响经济增长的机理。

第三章　数字金融的普惠机理

一、数字金融提高普惠金融水平的机理分析

数字金融可以通过增加产品供给、降低成本、拓宽服务等渠道拓展金融包容的广度和深度。

1. 金融产品多样化，增加可接触性

金融科技使普惠金融的成本下降，从而提高了普惠金融覆盖的速度和广度，其不仅打破了传统金融机构需要下设网点接触客户的物理限制，甚至可以基于大数据主动寻找潜在客户，使服务更加精准化。数字金融的快速发展和理念创新，不断推动传统金融机构改变业务模式和服务方式，也促进了与传统金融之间的合作。数字金融企业依靠大数据和云计算技术，能够动态了解客户的多样化需求，计量客户的资信状况，有助于改善传统金融的信息不对称问题，提升风险控制能力，推出个性化金融产品，满足不同需求，扩展金融包容的广度。

数字普惠创新的主要参与者，有持牌的互联网银行，有大型的金融科技企

业，还有各类商业银行和非银行金融机构。特别值得一提的是商业银行，在经历了互联网金融带来的冲击之后，商业银行纷纷加快了数字化转型的步伐，并积极将其运用于普惠金融业务的实践当中，且取得了显著的效果。

2. 借贷起点低，成本低，增加参与性

目前世界各国金融服务可获得性正在不断提升，但不可忽视的是，在传统普惠金融模式和技术条件下，普惠金融面临的成本高、效率低、服务不均衡、商业不可持续等全球共性的难题依然无法得到很好的解决，并成为实现普惠金融目标的主要障碍。然而，大数据、云计算、区块链、人工智能等科技手段在普惠金融领域的应用，可以帮助服务提供者从分销到客服到后台运营的整条金融服务链上降低成本，并且实现了从贷前征信到贷后催还的实时监控，保证了服务质量。相比于传统金融机构提供的理财投资产品至少需要达到万元的起点，数字金融服务平台服务了部分被传统金融所排斥的群体，增加了金融包容的深度。

此外，金融科技应用还使数字金融能够实现按日收息、按日利率定价，发放的资金额度可小至千元以下，灵活多样的产品更好地满足了小微、三农客户的个性化需求，同时也显著降低了金融服务的成本。

3. 服务对象不断拓宽

随着互联网支付往线下场景的渗透，线上线下场景的融合极大地拓展了数字普惠金融对线下客户进行服务的能力，如蚂蚁金服依托支付宝的渠道和平台，相继开发了针对线下小微商户和"三农"客户的"码商贷"和"旺农贷"等产品，将众多从未得到过金融支持的群体，纳入了数字普惠金融的服务范围。客户和商户双方面金融能力的提升极大地促进了资金融通规模。

基于以上分析，可以归纳出数字金融提升普惠金融水平的机理，如图 3-1 所示。

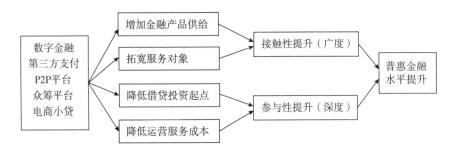

图 3-1   数字金融推动普惠金融的机理分析

二、基于 PLS 的数字金融与普惠金融关系分析

在金融产品"可接触性"方面我国目前仍存在很多问题，Yeung 等（2015）研究发现有 1700 个中国偏远村镇至今没有金融服务机构。世界银行《2017 全球普惠金融指数报告》的调查数据表明，目前仍有 20% 的中国居民没有银行账户，只有 9% 的被调查者在正规金融机构有贷款，79% 的被调查对象没有信用卡。因此，在 2016 年 G20 杭州峰会上中国政府提出了《G20 数字普惠金融高级原则》，希望通过互联网的普及从"可接触性"这个角度推动包容性金融体系发展。

宋晓玲和侯金晨（2017）选取 25 个发达国家和 40 个发展中国家的面板数据实证分析表明互联网使用显著提升了发展中国家和发达国家的普惠金融发展水平。Lenka 和 Barik 使用三种模型对南亚区域合作联盟（SAARC）成员国 2004 ~ 2014 年的数据进行分析也发现，互联网使用与普惠金融之间存在显著的正向关系。中国互联网普及率的快速提高是否能够有效地解决普惠金融问题呢？

在第 45 次《中国互联网发展状况统计报告》中笔者发现，在我国 9.04 亿互联网使用者中只有 1.63 亿左右的用户使用互联网理财，其他用户仅利用互联网进行即时通信、网络游戏、浏览新闻或简单的网络支付。也就是说，居民在能够使用互联网的情况下并不能自觉自愿地接触并使用数字金融产品,因此,"可接触性"问题解决的同时更应关注金融产品的"有效使用性"。Cohen 和 Nelson(2011)指出,普惠金融包括更多的接触、更好的产品和服务以及更便利的使用,但是这些接触和产品不能自动转化为有效使用。金融素养通过提高居民认识、分析、选择金融产品的能力,在供给方提供的金融产品和需求方有效的使用之间架起了一座桥梁,有效地推动了普惠金融。

第 45 次《中国互联网发展状况统计报告》显示,我国大专以上学历互联网用户人数占互联网用户总数的 19.5%,而艾媒咨询《2015 互联网+金融研究报告》调查表明,中国互联网金融用户中学历在大专以上的占到了 79.3%,由此可以发现两个问题:①大量使用互联网的用户并没有使用互联网金融产品;②数字金融产品的使用者总体受教育程度较高。在世界银行《全球普惠金融数据库2017》的调查数据显示,我国有 45% 的低学历被调查居民在过去一年没有使用互联网进行过支付,该指标在高学历被调查居民中仅为 10%。Königsheim 等(2017)和 Servon 的研究表明金融素养会影响居民使用互联网上数字金融产品的能力。Ren 等(2018)通过对京津冀地区农村金融排斥问题的研究发现居民金融素养直接影响其对数字金融产品的选择和使用。

本章将在回顾既有研究的基础上,采用问卷调查法搜集数据,运用偏最小二乘法回归模型(Partial Least Squares,PLS)构建结构方程模型(SEM)将金融素养、数字金融产品使用这两个影响因素嵌入互联网使用对普惠金融的影响机理分析,探究数字金融如何对普惠金融产生影响。

1. 研究假设

(1)互联网使用与普惠金融。

在中国,电子商务应用的快速发展,在线支付厂商的持续扩张和消费者支付场景的不断丰富,以及各种营销策略的实施,促进了非网络支付用户的大量转化。互联网理财用户规模的持续扩大、理财产品数量的不断增加以及产品用户体验的提升,推动了居民线上投资理财习惯的形成。由此可以看出,互联网的普及给消费者带来越来越多的机会接触并使用数字金融产品。

宋晓玲和侯金晨（2017）及 Lenka（2018）的研究发现，互联网使用状况对普惠金融发展水平有显著正向影响。Andrianaivo 等（2011）的研究指出，信息通信技术（Information and Communication Technology，ICT）和移动电话的普及对普惠金融有部分正向影响。Al-Rfou（2013）通过在约旦的商业银行客户中发放问卷，统计分析得出结论，网络银行的使用与互联网的使用之间有显著关系。国内学者谢平和邹传伟（2012）认为，在中国，互联网对金融的影响是非常深远的，互联网不能仅仅被视为在金融活动中处于辅助地位的技术平台或工具。互联网的普及使居民有更多机会了解并选择传统金融产品之外的数字金融服务及产品。

因此，本书提出以下假设：

假设 H1：互联网使用影响普惠金融水平。

假设 H2：互联网使用影响居民数字金融产品和服务的使用。

（2）金融素养与普惠金融。

数字金融的发展增加了金融产品的可接触性，与此同时更应该增加其使用效率。如果个人、家庭及企业这类需求主体的金融认知能力不足，那么即便互联网金融提供了适合其选择的产品，他也没有能力去使用，此时的普惠金融属于虚假普惠。只有提高了个体的金融认知能力，使其能够充分了解如何管理收入与支出，不同的金融产品有何优缺点，从哪里可以获得金融投资建议，进而主动选择互联网金融提供的金融产品及服务，至此该个体才真正进入金融包容体系，实现真正意义的普惠金融。

金融素养（Financial Literacy）是指个人获得经济信息、进行个人及家庭财务规划、财富积累，以及作出偿还债务、退休储蓄规划的能力。金融素养的不足将导致普惠金融深度（Depth）的缺失。Calvet 等（2009）通过分析瑞典居民调查数据发现，低金融素养家庭居民在投资过程中更容易犯错。Klapper 和 Panos（2011）以俄罗斯调研数据为研究对象，指出居民金融素养会影响其个人养老规划。Rooij 等（2011）利用 De Nederlandsche Bank 的调查数据分析发现，金融素养能够影响居民的金融决策能力。金融素养越低，股市参与程度越低。Lama 和

Lamb（2017）在研究中发现，金融素养会影响居民网上购物行为，Jappelli 和 Padula（2013）通过大量跨国数据的分析证明金融素养对居民的投资及存款行为有正向的影响。伴随着大量的数字金融产品及服务的涌现，这部分产品的使用必然与居民金融素养之间存在紧密联系。国内学者张号栋和尹志超（2016）利用中国家庭金融调查数据分析发现金融知识可以显著降低家庭金融排斥的概率。朱涛等（2015）同样利用上述调查数据考察了金融素养对家庭金融行为的影响，实证结果表明金融素养有利于扩大家庭财富规模。中国人民银行进行的《消费者金融素养调查分析报告（2017）》指出，人们只有在拥有金融账户的同时了解如何用之以管理财务，获取信贷工具之际能够自主选择最适合个人需求的服务，使用储蓄产品以平滑消费以备不时之需及保障长期金融安全的情况下，才可以称之为逐渐纳入普惠金融范畴。

根据已有文献，本书提出以下假设：

假设 H3：金融素养影响普惠金融水平。

假设 H4：金融素养影响居民互联网的使用。

假设 H5：金融素养影响居民对数字金融产品的使用。

（3）数字金融产品使用与普惠金融。

数字金融作为一种新兴的金融业态，正在改变传统的金融服务模式。它在传统金融服务的基础上，利用数字技术削弱了信息不对称的程度，并且改变了融资模式，降低了门槛，普通大众可以通过小额信贷平台获得借款，为小额资金寻找到理财途径，为实现普惠金融奠定基础。Voorhies（2014）指出，如果发展中国家的居民能够方便地使用可负担的数字金融产品，那么我们终将可以解决普惠金融问题。Gabor 和 Brook（2016）指出，数字革命在一个新的层面上扩大了普惠金融的可接触性，在全球范围内为低收入家庭提供了更多可选金融资产。邱峰（2014）、蔡洋萍（2014）都指出互联网金融可以通过降低金融交易成本实现普惠金融。

基于以上研究，本书提出以下假设：

假设 H6：数字金融产品使用影响普惠金融水平。

综上所述，本书假设居民金融素养、互联网使用、数字金融产品使用对普惠金融具有直接影响。在接下来的章节中，将使用调查数据来验证这些假设。揭示研究对象之间的关系，探寻数字金融与普惠金融的关系。

2. 变量测量

（1）金融素养。

根据 Huston（2010）以及王宇熹等（2014）的总结，目前国内外研究对金融素养的测度主要是从四个方面展开：①金融基本概念；②借贷概念；③投资概念；④风险预防概念。因此，本书通过"教育程度""收入"测度金融基本概念，"商业贷款""信用卡"测度借贷概念，"股票""理财产品"测度投资概念，"商业保险"测度风险预防。

（2）互联网使用。

根据《中国互联网络发展状况统计报告》对中国居民互联网使用的调查题项，本书通过"上网时长""互联网依赖感受""第三方支付使用频率"测度居民对互联网的使用情况。

（3）数字金融产品使用。

Digital Finance Institute 在其对数字金融的定义中指出数字金融产品包括数字银行、网络支付、P2P 交易平台、众筹等。结合我国互联网发展现状，本书分别从"互联网理财平台""互联网消费信贷""互联网贷款""众筹"四个方面考核数字金融产品使用状况。

（4）普惠金融。

普惠金融可破解金融排斥难题。针对金融排斥所涉及的"价格排斥""地理排斥""自我排斥"维度，本书分别从"价格包容""地理包容""自我包容"三个角度评价普惠金融水平。

（5）研究对象。

通过问卷星网站及实地问卷发放 250 份，共回收有效问卷 218 份，答卷来自22 个省、自治区、直辖市。有效样本的人口统计学概况为：男性占 39.45%，女性占 60.55%。年龄分布为：25 岁以下占 4.59%，25~35 岁占 29.82%，36~45 岁占 33.03%，46~55 岁占 13.76%，56 岁及以上占 18.81%。月收入分布为：1 万元以上占 27.98%，7501~10000 元占 11.47%，5001~7500 元占 19.72%，2501~5000 元占 28.44%，2500 元及以下占 12.39%。具体调查问卷及调查结果在附录 1 中展示。

3. 数据分析

（1）量表的信效度检验。

根据表 3-1 和表 3-2 的检验结果可以看出量表有较好的信度和效度。

表 3-1　可靠性统计量

Cronbach's α	项数
0.807	16

表 3-2　KMO 和 Bartlett 的检验

取样足够度的 Kaiser-Meyer-Olkin 度量		0.788
Bartlett 的球形度检验	近似卡方	939.523
	df	120
	Sig.	0.000

（2）测量模型选择。

本书要对金融素养、互联网使用、数字金融产品使用及普惠金融之间的关系进行结构方程模型构建。传统的结构方程测量模型中指标与潜变量之间为线性函数关系，潜变量的变化会导致指标的变化。因此，模型意义由潜在构念指向测量指标的单向箭头表示。该类模型称为反映性测量模型，相应的指标称为反映性指标，对应于统计学中的公因子模型。但有些情况测量指标并不总是反映潜在建构，而是正好相反，潜变量的含义由测量指标定义，即由观测指标指示潜在构念的单向箭头，这类模型被称为形成性测量模型，指标称作形成性指标。Diamantopoulos 和 Winklhofer（2001）总结了形成性模型与反应性测量模型相比的几个特性：第一，样本需求量较少；第二，指标之间不必含有共同成分，可高度相关也可低相关；第三，将指标定义的特征结合起来，说明构造的意义。本书模型属于形成性测量模型，即潜变量的含义由测量指标定义，指标组成构念的内涵，指标之间相互独立。

偏最小二乘回归模型（PLS）是处理形成性模型的最佳之选，它吸取了典型相关分析、主成分分析和线性回归分析等统计分析方法各自的特点，在分析多维复杂因果关系时简化了很多问题，适合本书多变量对多变量的因果关系研究。PLS 可接受变量多重共线性问题，不要求大样本，而且可以处理形成性模型，非常适合本书的模型构建。本书使用 SmartPLS 3.0 对问卷结果进行 FM 统计分析，所得路径模型如图 3-2 所示。

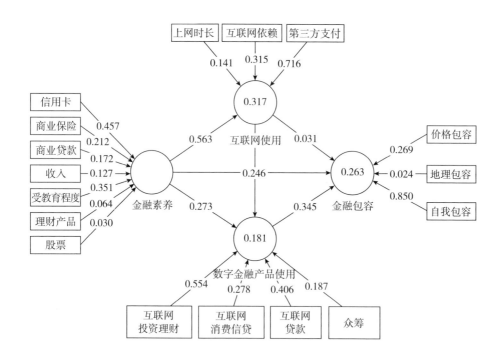

图 3-2　路径模型

各因素之间的路径指标权重及方差膨胀因子（VIF）如表3-3所示。

表 3-3　测量指标权重及 VIF（Bootstrap = 1000）

变量	测量指标	权重（原始样本）	权重（Boot 样本）	t	p	VIF
金融素养	信用卡	0.457	0.443	3.727	<0.001	1.523
	商业保险	0.212	0.207	2.083	0.037	1.346
	商业贷款	0.172	0.170	1.431	0.153	1.430
	收入	0.127	0.121	1.144	0.253	1.736
	受教育程度	0.351	0.342	2.690	0.007	1.625
	理财产品	0.064	0.067	0.508	0.612	1.248
	股票	0.030	0.021	0.301	0.764	1.319
互联网使用	上网时长	0.141	0.134	1.050	0.294	1.584
	互联网依赖	0.315	0.328	2.263	0.024	1.549
	第三方支付	0.716	0.698	6.750	<0.001	1.466
数字金融产品使用	互联网投资理财	0.554	0.542	4.685	<0.001	1.280
	互联网消费信贷	0.278	0.256	1.739	0.082	1.524
	互联网贷款	0.406	0.402	2.415	0.016	1.090
	众筹	0.187	0.195	1.474	0.141	1.482
普惠金融	价格包容	0.269	0.268	1.483	0.138	1.428
	地理包容	−0.024	−0.010	0.182	0.856	1.276
	自我包容	0.850	0.823	6.272	0.000	1.404

由表3-3看出，信用卡、商业保险和受教育程度对金融素养的测量权重显著，而商业贷款、收入、理财产品和股票对金融素养的测量权重不显著。互联网依赖和第三方支付对互联网使用的测量权重显著，上网时长对互联网使用的测量权重不显著。互联网投资理财和互联网贷款对数字金融产品使用的测量权重显著，互联网消费信贷和众筹对数字金融产品使用的测量权重不显著。自我包容对普惠金融的测量权重显著，而价格包容和地理包容对普惠金融的测量权重不显著。所有测量指标的 VIF（Variance Inflation Factor）都小于5，说明所有潜变量的测量指标都不存在共线性问题。

从表3-4的路径分析可以看出，互联网使用对普惠金融的直接影响不显著，因此假设 H1 不成立。金融素养和数字金融产品使用对普惠金融都具有显著正向直接影响，所以研究假设 H3 和假设 H6 成立。金融素养对互联网使用具有显著正向影响，可以解释互联网使用 31.7%（$R^2 = 0.317$）的方差，研究假设 H4 成立。金融素养、互联网使用、数字金融产品联合可以解释普惠金融 26.3%（$R^2 = 0.263$）的方差。金融素养和互联网使用对数字金融产品使用都具有显著正向直接影响，二者联合可以解释数字金融产品使用 18.1%（$R^2 = 0.181$）的方差，所以研究假设 H2 和假设 H5 成立。

表 3-4　路径系数（Bootstrap = 1000）

路径	原始样本	Boot 样本	标准误	t	p
普惠金融（$R^2 = 0.263$）					
金融素养→普惠金融	0.246	0.256	0.084	2.935	0.003
互联网使用→普惠金融	0.031	0.029	0.083	0.375	0.708
数字金融产品使用→普惠金融	0.345	0.348	0.060	5.726	<0.001
数字金融产品使用（$R^2 = 0.181$）					
金融素养→数字金融产品使用	0.273	0.307	0.100	2.723	0.007
互联网使用→数字金融产品使用	0.207	0.194	0.082	2.539	0.011
互联网使用（$R^2 = 0.317$）					
金融素养→互联网使用	0.563	0.570	0.055	10.189	<0.001

根据表 3-4 结果提示，互联网使用、数字金融产品使用在金融素养与普惠金融之间可能起中介作用。为此，本书采用系数乘积法检验中介效应，即对各个中间路径的系数乘积项进行显著性检验。

表 3-5 显示，金融素养经由数字金融产品使用对普惠金融的间接效应显著（置信区间不包含 0），依次经由互联网和数字金融产品使用对普惠金融的间接效应也显著（置信区间不包含 0），但是经由互联网对普惠金融的间接效应不显著（置信区间包含 0），说明数字金融产品使用单独在金融素养与普惠金融之间起中介作用，同时还联合互联网使用在金融素养与普惠金融之间起链式中介作用，而互联网使用在金融素养与普惠金融之间的中介作用不成立。互联网使用经由数字

金融产品使用对普惠金融的间接效应显著（置信区间不包含0），说明数字金融产品在互联网使用与普惠金融之间起中介作用。

表3-5　中介效应（Bootstrap=1000）

中介路径	效应值	标准误	95%CI	
			下限	上限
金融素养→互联网使用→普惠金融	0.017	0.048	-0.078	0.111
金融素养→数字金融产品使用→普惠金融	0.106	0.037	0.037	0.187
金融素养→互联网使用→数字金融产品使用→普惠金融	0.039	0.019	0.005	0.081
互联网使用→数字金融产品使用→普惠金融	0.068	0.032	0.009	0.136

三、小结

第一，数字金融可以通过增加金融产品的供给、拓宽服务对象提升普惠金融接触性；通过降低借贷和投资起点、降低金融机构运营服务成本提升普惠金融参与性。

第二，基于上述PLS分析以及中介效应分析可以看出，数字金融产品的使用和金融素养对普惠金融有直接显著的影响。互联网使用对普惠金融没有直接显著性影响，它只能经由数字金融产品的使用对普惠金融产生间接影响。在中国，数字金融产品的创新结合金融素养的提升能够有效地促进普惠金融。金融素养可以通过互联网的使用，进而通过数字金融产品的使用对普惠金融产生影响。

第四章　数字普惠金融水平的评价

　　围绕数字普惠金融展开实证研究的前提是要把各国或各地区的数字普惠金融发展水平量化。目前国际上没有针对数字普惠金融水平进行评价的指标体系，因此本书将在对比分析公认的普惠金融指标体系的基础上构建数字普惠金融水平评价指标体系，并对各国及我国各省的数字普惠金融发展水平进行科学评价，为进一步分析数字普惠金融对经济增长的影响做好铺垫。

一、现有相关指标体系

1. 普惠金融指标体系

　　虽然国际金融机构没有专门评价数字普惠金融水平的评价指标体系，但是有多个国际金融机构对外公布的普惠金融指标体系。

　　（1）金融包容联盟的包容性金融统计指标体系。

　　该套指标体系由金融包容联盟（Alliance for Financial Inclusion，AFI）成立的金融包容数据工作小组（Financial Inclusion Data Working Group，FIDWG）设计，包含正规金融机构可接触性和金融产品使用情况两个维度五个指标。其中，对于可接触性指标，数据主要取自金融机构和各国统计数据；金融产品使用情况方面的指标则主要来自对各国消费者的抽样调查或金融机构获取（见表4-1）。

表4-1　AFI指标体系核心指标

维度	指标
可接触性	每万成年人拥有的网点数
	拥有网点的行政区占比
	拥有网点的行政区人口占比
金融产品使用情况	拥有存款账户的成年人占比
	拥有贷款账户的成年人占比

资料来源：http：//www.afi-global.org。

（2）世界银行的普惠金融指标体系。

世界银行针对普惠金融专门开展了八项调查，其中与《G20普惠金融指标体系》有关的调查有五项，被采纳最多的一项是全球普惠金融调查（Global Findex）。该调查在世界范围内通过Gallup World Poll开展抽样问卷调查，其调查结果是一个可用于国际比较并且能够做到可持续监测的普惠金融公共指标数据库（见表4-2）。

表4-2　全球普惠金融调查核心指标

维度	核心指标
银行账户使用情况	拥有账户、借记卡、贷记卡、手机账户的成年人数
	开立账户的原因
	存取款频率
	存取途径
储蓄	储蓄机构
	储蓄目的
借款	借款余额
	借款机构
	借款目的

续表

维度	核心指标
收付款	支付手段
	支付用途
	收款方式
	收款来源
	汇款情况
应急基金	筹集应急基金的可能性
	应急基金的资金来源

资料来源：http：//www.worldbank.org。

全球普惠金融调查从 2011 年开始，每三年一次在各国居民中进行调查，用于评估普惠金融需求端实施情况。最近一次在 2017 年进行，该次调查涉及 140 个国家和地区，受访人数超过 150000 人，首次增加了关于互联网和移动电话使用情况的问题设计。

（3）国际货币基金组织的金融服务可得性调查指标。

从 2004 年开始国际货币基金组织（IMF）围绕普惠金融开始进行金融服务可得性调查（Financial Access Survey，FAS），该调查能够为升级版《G20 普惠金融指标体系》提供九个指标数据。该调查主要在各国中央银行、监管部门中进行，针对供给端即各国金融服务提供和使用情况评价普惠金融开展情况。从 2015 年开始该报告中加入了移动货币相关数据（见表 4-3）。

表 4-3　金融服务可得性调查核心指标

维度	核心指标
金融服务可接触性	金融机构分布
	ATM 分布
	移动货币代理网点分布
金融服务使用情况	储蓄（人数、账户数）
	贷款（人数、账户数）
	保险（人数、账户数）

续表

维度	核心指标
金融服务使用情况	移动货币（人数、账户数）
	存贷款余额占 GDP

资料来源：http：//www.imf.org。

（4）升级版《G20 普惠金融指标体系》。

普惠金融全球合作伙伴（Global Partnership for Financial Inclusion，GPFI）是由 G20 成员国、部分非 G20 国家以及部分国际机构组成的国际组织，该组织一直致力于在全球范围内推广和发展普惠金融。2012 年 G20 洛斯卡沃斯峰会上通过了《G20 普惠金融指标体系》，2013 年在该指标体系中增加了涉及金融素养和金融服务质量的指标，2016 年在数字金融迅速发展的背景下该指标体系又增加了 11 个用于衡量数字金融服务的新指标（见表 4-4）。

表 4-4　升级版 G20 普惠金融指标体系

维度		核心指标
使用情况指标	账户	存款账户
		电子账户
		移动支付
	信贷	未偿贷款
	保险	寿险和非寿险保单持有人数
	支付	银行卡、账户支付
		移动电话支付
		互联网支付
	储蓄	存款情况
可得性指标	服务网点	商业银行分支机构
		ATM 分布
		POS 终端数
		移动电话家庭网络连接使用比例
	借记卡持有	借记卡拥有数

续表

维度	核心指标	
质量指标	金融知识	金融知识掌握程度
	金融行为	将存款用作应急资金

资料来源：http：//www.g20.org。

升级版《G20普惠金融指标体系》从金融服务的供需双方出发，涉及金融产品及服务的使用、金融产品及服务的可接触性与金融服务和产品质量三个维度共19类35个指标。但是，由于其中有11个指标目前没有任何国家能够提供对应的指标数值，因此虽然该指标体系非常全面，但至今还从未被用来对各国普惠金融开展情况进行过评价。

（5）芬马克信托（Finmark Trust）的 FinScope 指标。

从2002年开始由 FinScope 在撒哈拉沙漠以南地区的14个国家以及印度、巴基斯坦开展了关于金融服务获取与使用的客户认知度抽样调查，该指标主要从需求方角度出发进行包容性监测，旨在帮助各国制定有效的普惠金融政策和跟踪被调查国家在普惠金融上的进展（见表4-5）。

表4-5　FinScope 普惠金融指标

维度	指标
使用情况	使用金融产品和服务的成年人比例
	接受正规金融服务的成年人比例
	接受非金融机构服务的成年人比例
	接受非正规金融机构服务的成年人比例
	未接受金融服务的成年人比例

资料来源：http：//www.finmark.org.za。

2. 北大数字普惠金融指数

国内外文献中关于普惠金融的讨论，以及国际金融机构的普惠金融评价指标体系的构建主要围绕传统金融的产品和服务，没有充分考虑到数字技术带来的数字普惠金融的优势——覆盖面更广和可接触性更强。因此，北大数字金融研究中心、上海新金融研究院和蚂蚁金服集团组成联合课题组，利用支付宝使用数据编制并对外公布了"北京大学数字普惠金融指数（2011—2018）"（见表4-6）。

表4-6　北京大学数字普惠金融指数

维度	指标
覆盖广度	支付宝账户覆盖率
使用深度	支付宝支付服务
	余额宝使用情况
	支付宝信贷服务
	支付宝保险服务
	支付宝投资服务
	支付宝征信服务
数字支持服务程度	移动支付便利性
	贷款利率
	花呗和芝麻信用使用情况
	二维码使用情况

资料来源：http：//www.pku.edu.cn。

二、数字普惠金融水平评价指标体系设计

虽然北大数字普惠金融指数的指标是围绕数字金融产品的使用设计，但是由于其数据来源只涉及支付宝使用情况，因此它存在两个内在缺陷：一方面，指数只能从一个侧面反映互联网金融机构提供产品和服务的情况，不能反映传统金融机构提供的数字产品及服务。另一方面，该指标体系只能用于中国境内不同区域的评价，无法推广到中国以外的其他国家和地区。

因此本书将在国际金融机构公布的普惠金融评价指标体系基础上融入金融数字化元素，构建"跨国数字普惠金融评价指标体系"，通过计算数字普惠金融指数对各国数字普惠金融水平进行评价与比较。由于跨国层面数字普惠金融评价指标体系是基于国际金融机构的跨国调查数据构建而成，无法用于各国国内地区层面数字普惠金融水平的评价，因此本书还将借鉴国内外文献设计一个基于区域金融经济指标的"省级数字普惠金融评价指标体系"，以中国省级层面为例计算省级层面数字普惠金融指数，以期推广到其他国家。

1. 评价指标体系构建的目标和原则

本书将从以下几个方面对指标构建原则进行一个全方位、全方面的系统阐述：

（1）兼顾广度与深度。

结合广度与深度这两方面去建立该指标，一方面扩大数字普惠金融的覆盖人群及机构的数量与范围（广度），这样才能更好地整合社会资源，避免社会资源的浪费，实现社会资源的最优分配；另一方面加深对数字普惠金融内涵及其本质的理解，加强对数据的挖掘，提高指标建立的科学性（深度），从而使指数更加具有代表性。

（2）兼顾纵向和横向可比性。

数字普惠金融的发展是一个动态过程，为了更加全面、科学地测度，应考虑其纵向（时间）可比性和横向（地区）可比性，在指标的选取上充分考虑到数据可得性。

（3）保证金融服务的多层次性和多元性。

相较于传统的金融服务行业，目前的金融行业具有多领域的特性，构建数字普惠金融水平评价指标体系应根据数据的可获得性尽量从多个行业考察来建立指标体系。

（4）保证数据的准确性及计算方法的科学性。

原始数据与计算方法直接决定了最终结果，因此保证这二者的准确性与科学性十分重要。首先要保证原始数据取自官方认可的数据库，同时在计算方法的选择上，应结合数字普惠金融的特征，选择科学合理的计算方法，方能使总指数以数值的形式更加准确地反映数字普惠金融发展水平。

2. 跨国数字普惠金融水平评价指标体系

由于数字普惠金融以实现金融普惠为目标，它利用数字技术拓展普惠金融的服务边界，因此对数字普惠金融的评估应该是在传统金普惠金融评价体系的基础上增加数字化元素，以达到评价数字技术对普惠金融各方面的影响。图4-1反映了数字普惠金融指数构建的思路，即本书构建的评价指标体系既包括传统金融产品及服务又包括数字金融产品及服务，通过评价对金融产品及服务的可接触性和使用性，来考虑用户的金融素养及能力，从供给方和需求方两个角度来全面评价数字普惠金融发展水平。

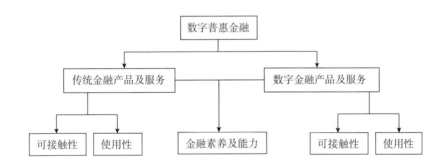

图4-1　数字普惠金融水平评价指标体系金字塔

本书构建的跨国数字普惠金融水平评价指标体系包括三个维度，每个维度及其具体指标如下：

（1）可接触性。

指衡量居民是否能接触到或获得传统金融产品和服务以及数字金融产品的指标，即站在供给方的角度，测度各类金融机构给客户提供的金融产品及服务。在一个包容性的金融体系当中各类金融产品和服务都应该能够被客户很便捷地接触到，这是对金融体系的最基本要求，也是普惠金融的基础。互联网和移动通信的普及使得越来越多的居民能够有机会接触到金融产品，Arora（2014）、Sarma（2016）都指出银行分支机构和ATM的分布能够反映接触金融服务的障碍，AFI和升级版G20的指标体系里也有这几个指标。因此本书选择的能够反映数字普惠金融可接触性维度的指标包括：每十万人拥有金融机构网点数量、每千平方千米的金融机构数量、每千平方千米ATM机数量、每十万成年人拥有的ATM数量。此外，数字金融产品的供给必须通过互联网和终端设备（移动电话或电脑），由于智能手机的普及使移动电话的使用率远远高于电脑，因此本研究在可接触性分指标中加入每百人拥有移动电话数和每百人互联网用户数这两个体现数字技术的指标（这两个指标也包含在升级版《G20普惠金融指标体系》中）。

（2）使用性。

指衡量居民真正使用传统金融产品和服务以及数字金融产品程度的指标。仅仅让居民拥有一个银行账户对一个包容性金融体系来说是远远不够的，各类金融机构提供金融产品和服务的最终目的是希望客户能够使用它们。使用性是金融体系的生命力所在，也是实现普惠金融的核心。金融产品的使用场景有很多——存取款、支付、贷款、借记卡、贷记卡、汇款等。Beck（2007）和Sarma（2016）的研究都发现存款贷款率能够很好地预测家庭对银行账户的使用情况。居民利用互联网和移动通信可以更便捷地进行支付与资金转移，因此借鉴FAS和升级版G20指标，本书选择的该维度指标包括：成年人在金融机构账户拥有率、成年人在金融机构借款率、成年人借记卡拥有率，以及能够反映数字金融产品使用情况的指标——"最近12个月使用数字支付或收款的比例""使用手机或互联网访问账户比例"。

（3）金融素养及能力。

金融素养（Financial Literacy）是指个人获得经济信息、进行个人及家庭财务规划、财富积累，以及作出偿还债务、退休储蓄规划的能力。已有国外研究表明，居民的金融素养直接影响其对数字金融产品的选择及使用效果。升级版《G20普惠金融指标体系》中有"金融知识"这一指标，但目前还未开展对该指标的调查。中国人民银行公布的《消费者金融素养调查分析报告（2017）》指出，消费者的受教育程度是影响金融素养的主要因素，受教育程度越高金融素养水平越高。Arent 等（2015）通过实证分析证明受教育水平能够决定金融素养水平。借鉴张欢欢（2017）、刘国强（2018）在做相关金融素养研究时的思路，将受教育程度作为考察金融素养的指标之一，本书选取"人均受教育年限"对金融素养进行评价。对金融能力的测度可借鉴升级版《G20 普惠金融指标体系》对该指标的设计，该指标体系考察了居民应急资金的来源，认为如果一个人能够将存款用作应急资金而非通过借款或变卖资产说明这个人的金融能力较强。因此，本书选择"人均受教育年限"和"将存款用作应急资金的比例"作为衡量金融素养和能力维度的指标，具体指标如表 4-7 所示。

表 4-7　跨国数字普惠金融水平评价指标体系

维度	指标	指标性质	指标出处
可接触性分指标	每十万人拥有金融机构网点数量	正向	Arora（2014）、Sarma（2016）、AFI、G20
	每千平方千米的金融机构数量	正向	Arora（2014）、Sarma（2016）、AFI、G20
	每十万成年人拥有的 ATM 数量	正向	Arora（2014）、Sarma（2016）、AFI、G20
	每千平方千米 ATM 机数量	正向	Arora（2014）、Sarma（2016）、G20
	每百人移动电话数	正向	G20
	互联网普及率	正向	G20
使用性分指标	成年人金融机构账户拥有率	正向	Sarma（2008）、FAS、G20
	成年人借记卡拥有率	正向	FAS、G20
	成年人在金融机构借款率	正向	Sarma（2016）、G20
	使用手机或互联网访问账户比例	正向	FAS、G20
	最近 12 个月使用数字支付或收款的比例	正向	G20
金融素养及能力分指标	人均受教育年限	正向	本研究加入
	将存款用作应急资金的比例	正向	G20

3. 省级数字普惠金融水平评价指标体系

由于国际金融机构的调查数据都是针对国家层面展开的，因此如果要对一个具体国家内部不同地区的数字普惠金融水平进行评价时没法使用这些数据。本书将在 Arora（2014）、Sarma（2016），以及升级版《G20 普惠金融指标体系》基础上结合传统金融机构提供的数字金融服务、互联网金融产品及服务构建国内区域性数字普惠金融水平评价指标体系。

本书在针对传统金融产品及服务的普惠金融评价指标体系上增加对数字金融的测度指标，涉及互联网、移动电话、P2P 平台及网上支付等要素，并且除了商业银行的服务之外还增加了证券及保险服务，以此确保该评价体系能够全面测度到我国各省居民通过传统手段和新兴数字技术手段接触或使用到的各类金融产品及服务。三个维度及具体指标如下：

（1）可接触性。

主要考察传统金融和数字金融的供给方，指标分别为：每万平方千米金融业机构数、互联网普及率、移动电话普及率以及 P2P 网贷平台数量。银行业是我国金融发展的根基，故选取每万平方千米金融业机构数来体现银行业金融机构的覆盖率。互联网普及率和移动电话普及率这两项指标反映了用于支持数字普惠金融的基础设施的可获得性。考虑到我国目前的金融发展状况，自 2012 年起网络借贷平台发展迅速，故在该维度中加入 P2P 借贷平台数量这一指标。[①]

（2）使用性。

主要从需求方角度评估目前我国居民对传统金融产品及数字金融产品的使用情况。该维度包括了六个指标：存款率、贷款率、股票开户数、保险深度、P2P 网贷平台年交易量、网上支付金额。数字普惠金融的发展根本目标是让每个人都能享受到金融产品及服务，因此在三个维度中，该维度能够最直接地体现普惠金融效果。存贷款利率体现了传统金融产品的使用状况，该指标为衡量普惠金融的常用指标。股票开户数和保险深度分别从证券角度和保险角度体现了这两类金融服务的使用状况。P2P 网贷平台年交易量和网上支付金额反映了居民对数字金融

[①] 虽然由于相关法规、制度、监管的不完善，在 2020 年底我国 P2P 平台已"清零"，但是根据英美等国 P2P 的发展成功经验，相信在不久的将来相关监管制度和法律完善后，P2P 网贷平台仍有机会成为我国数字普惠金融的一部分。

产品的使用情况。

（3）金融素养。

本书选用统计指标"人均受教育年限"来评价居民金融素养水平（见表4-8）。

表4-8 省级数字普惠金融水平评价指标体系

维度	指标	指标性质	指标出处
可接触性 分指标	每万平方千米金融业机构数	正向	Arora（2014）、Sarma（2016）、AFI、G20、焦瑾璞等（2015）
	互联网普及率	正向	G20
	移动电话普及率	正向	G20
	P2P网贷平台数量	正向	本研究加入
使用性 分指标	存款率（银行业金融机构存款余额/地区生产总值）	正向	Gupte等（2012）
	贷款率（银行业金融机构贷款余额/地区生产总值）	正向	Gupte等（2012）
	股票开户数	正向	杜强等（2016）
	保险深度（保费收入/GDP）	正向	焦瑾璞等（2015）
	P2P网贷平台年交易量	正向	本研究加入
	网上支付金额	正向	本研究加入
金融素养 分指数	人均受教育年限	正向	本研究加入

4. 数字普惠金融指数的计算

（1）指数无量纲化处理。

由于各项指标的单位不同，数值大小也有较大差异，所以在构建指数之初，应对所有原始数据进行无量纲化处理。线性功效函数法可以将原始数据进行线性变换将其映射到［0，1］之间，具有计算简单、便于进行对比的优点，因此本书选用该方法对指标进行无量纲化处理，具体如下：

$$
\begin{cases}
X_{ij} = \dfrac{A_{ij} - m_{ij}}{M_{ij} - m_{ij}} & \text{正向指标} \\[4mm]
X_{ij} = \dfrac{M_{ij} - A_{ij}}{M_{ij} - m_{ij}} & \text{逆向指标}
\end{cases}
\tag{4-1}
$$

其中，X_{ij} 为第 i 个维度下各指标的计算值，A_{ij} 为第 i 个维度下第 j 指标的实际原始值，m_{ij} 为第 i 个维度下第 j 指标的最小值，M_{ij} 为第 i 个维度下第 j 指标的最大值。

（2）指标权重的确定。

在进行指数计算过程中，要分别对各项指标进行赋权。常用的权重确定方法有两类：主观赋权法和客观赋权法。主观赋权法在计算指数的过程中，均掺杂了不同程度的主观性。与之相对应的客观赋权法运用客观数据进行计算得到权重，较为科学可信。客观赋权法包括变异系数法和主成分分析法等。相较于主成分分析法，变异系数法从数据本身出发，能够更加客观地反映现实。因为在评价指标体系中的各项指标量纲有所不同，不适合直接拿来进行差异比较。为了避免各项评价指标的量纲不同而造成的影响，可以通过计算各项指标的变异系数来衡量各项指标取值的差异程度，因此本书采用该方法衡量各项指标取值的差异程度。

先计算第 i 维度下各指标的变异系数 V_{ij}：

$$
V_{ij} = \frac{\sigma_{ij}}{\overline{A}_{ij}}
\tag{4-2}
$$

其中，V_{ij} 是第 i 个维度下第 j 指标的变异系数，σ_{ij} 是第 i 个维度下第 j 指标的标准差，$\overline{A}_{ij}$ 是第 i 个维度下第 j 指标的平均值。

然后计算第 i 维度下各项指标的权重 w_{ij} 为：

$$
w_{ij} = \frac{V_{ij}}{\sum\limits_{j} V_{ij}}
\tag{4-3}
$$

接着计算各维度的变异系数 V_i：

$$V_i = \frac{\sigma_i}{\overline{A}_i} \qquad (4\text{-}4)$$

其中，σ_i 表示该维度包容指数的标准差，$\overline{A}_i$ 表示第 i 维度指数均值，最后计算各维度权重 w_i：

$$w_i = \frac{V_i}{\sum\limits_i V_i} \qquad (4\text{-}5)$$

（3）指数合成。

Nathan 等（2008）在其研究中指出相对于算术平均加权法，欧式距离法能够满足许多数理特征如标准性、单调性，更适合用来合成指数，且各评价指标相关性不大时宜采用欧式距离合成法。本书借鉴焦瑾璞等（2015）所采用的欧式距离合成法进行指数合成，首先计算各维度的数字普惠金融分指数：

$$IFI_i = 1 - \frac{\sqrt{w_{i1}^2(1-x_{i1})^2 + w_{i2}^2(1-x_{i2})^2 + \cdots + w_{in}^2(1-x_{in})^2}}{\sqrt{w_{i1}^2 + w_{i2}^2 + \cdots + w_{in}^2}} \qquad (4\text{-}6)$$

然后对各维度得分值进行合成计算，即可得到整体的数字普惠金融指数：

$$IDFI = 1 - \frac{\sqrt{w_1^2(\max(IFI_1)-IFI_1)^2 + w_2^2(\max(IFI_2)-IFI_2)^2 + \cdots + w_n^2(\max(IFI_n)-IFI_n)^2}}{\sqrt{w_1^2 + w_2^2 + \cdots + w_n^2}}$$

$$(4\text{-}7)$$

其中，$\max(IFI_i)$ 表示第 i 维度数字普惠金融指数的最大值，也就是该维度得分的最理想值。

使用该种方法计算指数是对每个研究对象每一年截面数据进行横向比较，如果用于跨年度指数计算就会出现无法进行纵向比较的问题，为了解决这一问题，本书以 2013 年作为基期，在进行无量纲化处理时用每期的极值与 2013 年的极值进行比较，即如果报告年的极小值 $min > 2013$ 年极小值 min_{2013} 则该年数据进行无量纲化处理时以 min_{2013} 作为最小值，如果报告年的极大值 $max < 2013$ 年极大值 max_{2013} 则该年数据进行无量纲化处理时以 max_{2013} 作为最大值，这样可以达到指数平滑纵向可比的目的。

三、跨国数字普惠金融水平的评价

1. 跨国数字普惠金融指数计算结果

近年来国际金融机构已经意识到了数字技术对普惠金融的积极影响作用，因此国际货币基金组织的金融服务可得性调查从 2015 年开始报告移动货币相关数据，世界银行在 2017 年的全球普惠金融调查中首次增加了对受访者关于互联网和移动电话进行支付和转账使用情况的调查，该调查每三年进行一次，目前世界银行还没有公布最新调查数据。基于此，本书选取 2017 年横截面数据完整的 105 个国家/地区进行分析。主要数据来自世界银行普惠金融指标数据库 Global Findex（2017）和国际货币基金组织金融服务可得性调查 FAS（2017）。此外，互联网普及和移动电话使用数据来自国际电信联盟 ITU，世界各国的平均受教育年限引自《2018 联合国人类发展指数》。

表 4-9 展示了所选取指标原始数据的描述性统计，根据表中各指标的最大值和最小值可以看到 105 个国家/地区各方面的表现两极分化极其严重。

表 4-9　原始数据描述性统计

指标	最大值	最小值	平均值	标准误
每十万人拥有金融机构网点数量	71.075	0.454	17.479	13.116
每千平方千米的金融机构数量	571.227	0.029	27.983	70.095
每十万成年人拥有的 ATM 数量	276.372	1.275	59.512	48.007
每千平方千米 ATM 机数量	4385.049	0.056	113.877	446.663
每百人移动电话数	210.914	26.690	113.961	32.950
互联网普及率	98.000	2.100	62.228	26.171
成年人金融机构账户拥有率	99.917	8.753	63.398	28.412

续表

指标	最大值	最小值	平均值	标准误
成年人借记卡拥有率	98.805	2.708	49.464	30.688
成年人在金融机构借款率	35.007	1.812	13.091	6.840
使用手机或互联网访问账户比例	82.951	0.914	27.653	23.037
最近12个月使用数字支付或收款的比例	99.394	7.708	56.870	29.094
人均受教育年限	14.100	2.300	9.438	2.939
将存款用作应急资金的比例	87.519	1.113	31.072	21.098

使用前述指标体系和方法计算出来的 2017 年 105 个国家数字普惠金融指数及其排名显示在表 4-10 中（不同收入类型国家的总指数和分指数在附录 2~附录 5 中列出）。根据 Jenks 最佳自然断点法[①]将指数数值为 0.5122~0.9219 的国家归为"高数字普惠金融国家"，数值为 0.3009~0.5122 的国家归为"中等数字普惠国家"，指数数值低于 0.3009 的国家归为"低数字普惠金融国家"。从排名中可以看到前十名高数字普惠金融国家分别是瑞典、荷兰、丹麦、芬兰、澳大利亚、新加坡、新西兰、比利时、加拿大、美国。这些国家都属于联合国定义的高收入国家，它们的金融机构分布广泛、居民金融账户使用普及率高，另外由于居民整体受教育程度水平高，因此对数字金融产品的接受和使用程度也很高。

表 4-10　2017 年 105 个国家/地区数字普惠金融指数（IDFI）

排名	国家/地区	IDFI	排名	国家/地区	IDFI	排名	国家/地区	IDFI
1	瑞典	0.9219	8	比利时	0.8022	15	波兰	0.7124
2	荷兰	0.8817	9	加拿大	0.7818	16	法国	0.7119
3	丹麦	0.8609	10	美国	0.7677	17	捷克	0.7047
4	芬兰	0.8361	11	瑞士	0.7514	18	马耳他	0.6965
5	澳大利亚	0.8112	12	日本	0.7453	19	爱沙尼亚	0.6938
6	新加坡	0.8032	13	卢森堡	0.7406	20	奥地利	0.6933
7	新西兰	0.8031	14	韩国	0.7285	21	德国	0.6774

①　Jenks 提出了一种地图分级算法，他认为数据本身就有断点，可利用数据这一特点分级。算法原理是一个小聚类，聚类约束条件是组间方差最大、组内方差最小。

排名	国家/地区	IDFI	排名	国家/地区	IDFI	排名	国家/地区	IDFI
22	爱尔兰	0.6382	50	保加利亚	0.3694	78	秘鲁	0.2552
23	斯洛文尼亚	0.6318	51	哥斯达黎加	0.3632	79	孟加拉国	0.2518
24	卡塔尔	0.6269	52	津巴布韦	0.3624	80	越南	0.2499
25	斯洛伐克	0.6256	53	乌拉圭	0.3488	81	格鲁吉亚	0.2470
26	阿曼	0.6240	54	黎巴嫩	0.3371	82	卢旺达	0.2453
27	以色列	0.5965	55	泰国	0.3340	83	印度	0.2378
28	肯尼亚	0.5814	56	塞尔维亚	0.3298	84	危地马拉	0.2365
29	立陶宛	0.5632	57	罗马尼亚	0.3261	85	赞比亚	0.2296
30	葡萄牙	0.5615	58	马其顿	0.3201	86	阿塞拜疆	0.2241
31	拉脱维亚	0.5568	59	巴基斯坦	0.3093	87	加纳	0.2221
32	西班牙	0.5566	60	黑山	0.3073	88	科摩罗	0.2173
33	阿联酋	0.5338	61	哈萨克斯坦	0.3063	89	摩洛哥	0.2151
34	意大利	0.5213	62	巴拿马	0.3034	90	牙买加	0.2129
35	匈牙利	0.5132	63	巴西	0.3018	91	中非	0.1991
36	塞浦路斯	0.5122	64	摩尔多瓦	0.3009	92	乍得	0.1951
37	中国	0.5036	65	阿尔巴尼亚	0.2963	93	柬埔寨	0.1930
38	科威特	0.4872	66	不丹	0.2943	94	尼加拉瓜	0.1885
39	伊朗	0.4643	67	乌克兰	0.2827	95	莫桑比克	0.1874
40	智利	0.4315	68	多米尼加	0.2825	96	伊拉克	0.1866
41	俄罗斯	0.4131	69	阿根廷	0.2812	97	洪都拉斯	0.1862
42	马来西亚	0.4087	70	波黑	0.2790	98	几内亚	0.1741
43	特立尼达和多巴哥	0.3994	71	科索沃	0.2772	99	伯利兹	0.1587
44	吉布提	0.3987	72	墨西哥	0.2676	100	吉尔吉斯	0.1551
45	毛里求斯	0.3976	73	约旦	0.2648	101	马达加斯加	0.1409
46	沙特阿拉伯	0.3976	74	阿尔及利亚	0.2642	102	老挝	0.1305
47	希腊	0.3738	75	哥伦比亚	0.2638	103	苏丹	0.1301
48	南非	0.3726	76	菲律宾	0.2636	104	阿富汗	0.1221
49	土耳其	0.3718	77	亚美尼亚	0.2600	105	缅甸	0.0841

　　根据世界银行对不同收入国家的分类，本书又整理了不同收入类型国家/地区数字普惠金融总指数和分指数的均值（具体见表4-11），可以看出三个分指数

和总指数按照收入由高到低呈现出非常明显的依次递减特征，其中拉开距离的主要是接触性分指数和金融素养及能力分指数。不同收入类型国家/地区在金融机构基础设施方面差距较大，互联网普及的差距更大，这导致普通金融产品的使用、互联网账户访问及数字金融产品的使用差异悬殊。同时，受教育程度的巨大落差使不同收入类型国家/地区的居民对金融知识的理解和掌握不尽相同，这必然会导致其对数字金融产品的选择和使用出现两极分化。从表4-11中还可以看出，中低收入和低收入国家/地区的服务使用性指数比较接近，主要是因为这两类国家/地区居民的银行账户拥有率都很低，尽管中低收入国家/地区的移动电话和互联网普及率比低收入国家/地区略高，但是该类国家/地区居民使用互联网账户和数字支付的比例很低，致使该类国家/地区的服务使用性指数较低。

表4-11　不同收入类型国家和地区数字普惠金融指数均值

国家/地区	高收入国家/地区	中高收入国家/地区	中低收入国家/地区	低收入国家/地区
数字普惠金融指数	0.6983	0.3327	0.2401	0.2095
可接触性分指数	0.6700	0.6079	0.4245	0.1521
使用性分指数	0.6321	0.2538	0.1803	0.1837
金融素养及能力分指数	0.5895	0.2368	0.1555	0.1541

2. 跨国数字普惠金融水平空间相关性分析

根据表4-10的指数可以发现发达国家总体数字普惠金融指数得分较高，而且显示出很强的地理聚集性，因此有理由怀疑全球数字普惠金融是否存在空间溢出效应。本书假设存在一种空间溢出效应能够加剧数字普惠金融的聚集和分布差异。在第六章中将进行空间数据分析以证实这一假设。

空间自相关（Spatial Autocorrelation）可以理解为位置相近的区域具有相似的变量取值。如果高值与高值聚集在一起，低值与低值聚集在一起，则为"正空间自相关"；反之，如果高值与低值相邻，则为"负相关"。如果高值与低值完全随机分布，则不存在空间自相关。

（1）全局空间相关性（Global Spatial Autocorrelation）。

空间自相关性反映了空间单元之间的依赖关系。全局 Moran's I 指数是最早应用于全局自相关检验的方法，它可以用来检验整个研究区域中彼此相邻的地区是具有空间相关性还是相互独立的。其具体表达式如下：

$$Moran's\ I = \frac{n \sum_{i=1}^{n} \sum_{j=1}^{n} w_{ij}(x_i - \overline{x})(x_j - \overline{x})}{\sum_{i=1}^{n} \sum_{j=1}^{n} w_{ij} \sum_{i=1}^{n} (x_i - \overline{x})^2} \tag{4-8}$$

其中，n 是国家总数，w_{ij} 是空间权重（区域 i 与区域 j 相邻时，$w_{ij}=1$；区域 i 与区域 j 不相邻时，$w_{ij}=0$），x_i 和 x_j 是区域 i 与区域 j 的属性，$\overline{x}$ 是属性的算术平均值。Moran's I 指数经过方差归一化之后取值在 $-1 \sim 1$，Moran's I>0 表示空间正相关性，其值越大，空间性越明显；反之，Moran's I<0 表示空间负相关性，其值越小，空间差异性越大。如果 Moran's I=0 表示空间分布呈随机性或者不存在空间自相关性。

本书利用表 4-10 中的 IDFI 计算出全球数字普惠金融的 Moran's I 指数为 0.4146，z 值为 5.3371>临界值 1.65，p 值为 0.001<0.05 通过 1% 的显著性检验，表明 IDFI 在全局上具有显著空间正相关性。

（2）局部空间相关性。

全局 Moran's I 指数作为一个全局性的相关指标在全局角度反映了研究对象的总体空间特征。但在具体的空间特征研究中，往往会出现局部的特异情况，即某区域与周边不同区域之间的依赖程度会有差异，因此需要进一步分析某区域 i 附近的空间聚集情况，此时需要采用局部空间自相关 Moran's I 指数：

$$I_i = \frac{(x_i - \overline{x})}{S^2} \sum_{j=1}^{n} w_{ij}(x_j - \overline{x}) \tag{4-9}$$

其中，i、j 分别表示不同的区域，I_i 表示第 i 个地区的 LISA 指数值，取值范围为 $[-1, 1]$，当指数值为 0，表示空间不相关；指数值小于 0 时，表示空间负相关；指数值大于 0 时，表示空间正相关。

数字普惠金融的空间分布具有明显的区域聚集的特征。西欧和北欧以及北美地区是典型的高聚集区域（HH），即该区域各国本身具有较高 IDFI，同时它们的邻国也是高 IDFI。东非部分国家和西亚部分国家表现为低聚集区域（LL），这表明该区域各国数字普惠金融发展普遍落后。该结论进一步证明数字普惠金融在空间上存在溢出效应。

数字普惠金融产生空间溢出效应的主要原因是数字技术在普惠金融中的应用使金融产品和服务不再存在地理边界，产品和服务能够利用互联网跨越国界扩散到周边地区，促进周边地区金融发展，进而带动经济增长。

Moran's I 散点图可用来研究局部的不稳定性，反映了标准化后的 IDFI 及其空间滞后值组成的散点关系，斜线的斜率就是全局 Moran's I 值。由图 4-2 可以看到整个平面被分为四个象限，分别对应于区域单元与其邻居之间四种类型的局部空间联系形式：第一象限聚集了约 1/4 的国家，这些国家本身具有高 IDFI，且其周边国家也都有高 IDFI；第三象限的国家恰恰相反，这些国家表现为低 IDFI 并且被周边的低 IDFI 国家所包围；第二象限集中了少数几个被高 IDFI 包围的低 IDFI 国家；第四象限反映了以低 IDFI 国家为邻的高 IDFI 国家。

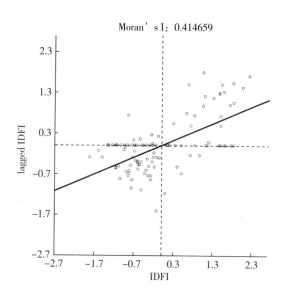

图 4-2　Moran's I 散点图

四、省级数字普惠金融水平的评价

1. 省级数字普惠金融指数计算结果

本书数据来源于《中国统计年鉴》、Wind 数据库、国家统计局数据、零壹数据、中国工业和信息化部官网、中国人民银行官网等。

根据前文所描述的指数构建方法，本书构建了全国 31 个省、自治区、直辖市三个维度分指数以及总指数。鉴于 2018 年我国互联网金融整顿办公室下发《P2P 合规检查问题清单》展开 P2P 合规监察备案工作，P2P 平台的数量和交易量出现了断崖式下跌导致数据的连贯性与可比性下降，因此本书的指数计算以2013~2017 年的数据为基础，暂不计算 2018 年及以后年份。具体结果如表 4-12所示：

表 4-12　2013~2017 年省级数字普惠金融指数

地区＼年份	2013	2014	2015	2016	2017
北京	0.6747	0.6912	0.7364	0.7440	0.7557
天津	0.2995	0.2970	0.3323	0.3500	0.3638
河北	0.1757	0.1937	0.2295	0.2482	0.2621
山西	0.2062	0.2038	0.2293	0.2341	0.2394
内蒙古	0.1481	0.1449	0.1650	0.1732	0.1942
辽宁	0.2351	0.2346	0.2649	0.2859	0.2921
吉林	0.1471	0.1582	0.1843	0.1986	0.2092
黑龙江	0.1431	0.1598	0.1817	0.1916	0.2051
上海	0.5472	0.5641	0.6706	0.6946	0.7329
江苏	0.3007	0.2725	0.3218	0.3320	0.3553

续表

年份 地区	2013	2014	2015	2016	2017
浙江	0.4618	0.3762	0.4621	0.4734	0.5108
安徽	0.1375	0.1611	0.2022	0.2179	0.2277
福建	0.2630	0.2463	0.2696	0.2638	0.2672
江西	0.1370	0.1360	0.1680	0.1856	0.1946
山东	0.2503	0.2669	0.3964	0.4014	0.4127
河南	0.1611	0.1696	0.1938	0.2084	0.2249
湖北	0.1641	0.1932	0.2259	0.2368	0.2442
湖南	0.1408	0.1491	0.1715	0.1891	0.2011
广东	0.4903	0.4650	0.6226	0.6187	0.6152
广西	0.1193	0.1359	0.1605	0.1704	0.1932
海南	0.1978	0.1909	0.2157	0.2192	0.2235
重庆	0.1814	0.2052	0.2218	0.2222	0.2368
四川	0.1870	0.1827	0.2040	0.2149	0.2241
贵州	0.1245	0.1335	0.1536	0.1679	0.1823
云南	0.1248	0.1301	0.1445	0.1535	0.1616
西藏	0.0781	0.0910	0.0919	0.1017	0.1113
陕西	0.1849	0.1837	0.2166	0.2253	0.2359
甘肃	0.1383	0.1468	0.1655	0.1772	0.1841
青海	0.1644	0.1631	0.1708	0.1686	0.1745
宁夏	0.1766	0.1773	0.1935	0.1997	0.2120
新疆	0.1868	0.1812	0.1949	0.1954	0.1999

　　根据测度结果，可以得到 2013~2017 年 31 省级数字普惠金融指数的折线图（见图 4-3）。

　　从表 4-12 和图 4-3 中可看出 2013~2017 年各省份的数字普惠金融发展水平在这五年中均基本保持稳定增长趋势。其中，北京、上海、广东、浙江、山东、江苏这六个省份的 IDFI 值在 2013~2017 年中稳居前六位，从地理位置上看，除北京外，其余五个省份都处于我国东南沿海地区。

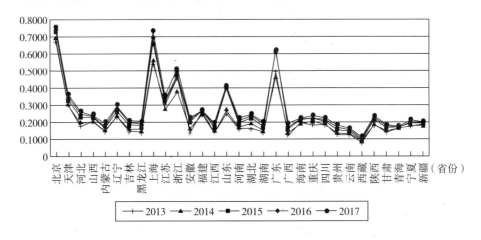

图 4-3　省级数字普惠金融指数折线图

2. 省级数字普惠金融水平空间相关性分析

通过对全局莫兰指数 Moran'I 的计算可以检验省级数字普惠金融指数是否像跨国指数那样也存在全局空间相关性，计算结果如表 4-13 所示。

表 4-13　数字普惠金融指数全局 Moran'I 统计

年份	Moran'I	E (I)	Sd (I)	z	p-value
2013	0.229	−0.033	0.105	2.498	0.006
2014	0.129	−0.033	0.102	1.589	0.050
2015	0.059	−0.033	0.098	0.942	0.173
2016	0.095	−0.033	0.100	1.282	0.100
2017	0.104	−0.033	0.101	1.358	0.087

根据表 4-13 可以看出 2013~2017 年的全局 Moran'I 值都大于 0，除 2015 年的莫兰指数不太显著外，其他年份中 2013 年指数通过了 1% 的显著性检验，2014 年指数通过了 5% 的显著性检验，2016 年和 2017 年指数都通过了 10% 的显著性检验。这说明各省直辖市的 IDFI 之间存在较为显著的空间正相关。

通过图 4-4 的 Moran's I 指数散点图可以看出 31 个省份的数字普惠金融指数

分布具有一定的聚集性，存在局部空间自相关。第一象限 HH 模式表示数字普惠金融水平高的省份被同样高数字普惠金融水平的省份包围；第二象限 LH 模式表示数字普惠金融水平低的省份被高数字普惠金融水平的省份包围；第三象限 LL 模式表示数字普惠金融水平低的省份被同样低数字普惠金融水平的省份包围；第四象限 HL 模式表示数字普惠金融水平高的省份被低数字普惠金融水平的省份包围。其中第一象限"低低聚集"和第三象限"高高聚集"表明这些省份为空间正相关关系，第二象限和第四象限内的省份关系为空间负相关性。

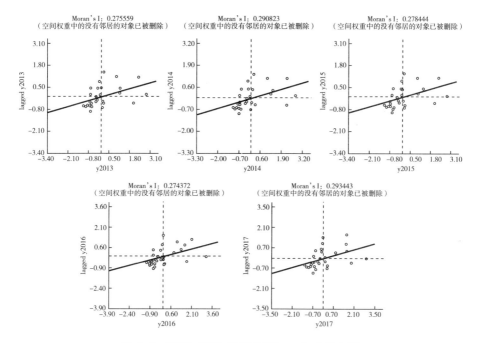

图 4-4　2013~2017 年 IDFI Moran's I 散点图

观察 2013~2017 年的发展趋势，江苏和上海这两个省市都处于高高集聚的状态；五年中有四年四川省为高低集聚状态，表明四川省的数字普惠金融发展程度高于周边邻近省市的数字普惠金融发展程度；内蒙古、云南有四年处于低低集聚状态，新疆和甘肃在五年中均处于低低集聚状态；其余省市并未有明显的空间集聚特征。

综上所述，省级数字普惠金融发展在各省之间不论是全局还是局部都存在空间效应，即空间自相关。

五、小结

本章根据数字金融的特性结合已有普惠金融评价指标体系分别构建了适合对数字普惠金融发展水平进行跨国比较的跨国数字普惠金融水平评价指标体系和以中国为例适合国内地区之间比较的省级数字普惠金融水平评价指标体系，以此为基础计算出 105 个国家/地区的数字普惠金融指数以及我国 31 个省、自治区、直辖市（除香港、澳门特别行政区和台湾省）的数字普惠金融指数。

利用 2017 年截面数据计算出来的跨国数字普惠金融指数，本书分析了不同数字普惠金融水平国家的特征。在计算省级数字普惠金融指数时，本书搜集了 2013~2017 年的面板数据，对各省直辖市这五年的数字普惠金融发展水平进行了横向和纵向的比较，通过对分指数的分析，解析部分省份数字普惠金融水平波动的原因。

通过全局莫兰指数（Moran's I）和局部莫兰指数的计算，本书发现不论是跨国数字普惠金融指数还是省级数字普惠金融指数都存在着空间自相关性，以此为基础，本书将在第六章运用空间计量分析方法分析跨国数字普惠金融水平、省级数字普惠金融水平对经济增长的影响，探究其中的空间关联性。

第五章　数字普惠金融对经济增长影响的理论分析与模型构建

一、数字普惠金融影响经济增长的驱动效应

数字普惠金融通过增加金融供给，能够满足"长尾"需求，并降低融资成本缓解信贷约束，它一方面有效增加小微企业资金供给，通过刺激企业创新创业、增加投资、促进就业；另一方面满足低收入人群资金需求，使其积极参与创新创业、增加收入和投资，通过缩小收入差距实现经济公平稳健增长。具体而言，数字普惠金融可以从以下三个方面对经济增长产生驱动效应：

1. 对金融部门的驱动效应

数字普惠金融的服务对象大多是处于长尾部分的小微顾客，它可以从供给的角度对金融部门产生驱动效应，鼓励金融机构利用技术创新提高经营效率，减少服务成本，增加信贷供给，缓解信贷约束。

Anderson 在《长尾理论》一书中最早提出长尾（The Long Tail）这一概念。如图 5-1 所示，根据传统的"二八定律"，产品供给方通常关注图中左侧部分

（"主流"）即能够带来80%利润的20%产品。而长尾理论则认为80%尾部产品可以积少成多，其带来的利润积累到一定程度时甚至可能超过主流部分的市场份额。也就是说，处于长尾曲线末端的产品需求量虽然较小，但是不为零，因此具有可延展性，即互联网技术和平台能够帮助消费者找到满足自身要求的产品，此时需求曲线将趋向扁平化。

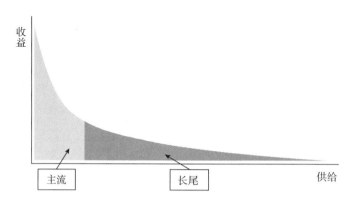

图 5-1　"长尾理论"模型

在传统金融领域，金融机构更倾向于向信用记录良好的高收入人群及大中型企业提供服务。缺乏信用记录及抵押品的低收入人群和小微企业能够获得的金融服务很少，他们处于长尾曲线的"尾部"。按照菲利普·科特勒在《营销管理》中的观点，这些未被满足需求的低收入人群和小微企业可以看作是"利基"（Niche）。此时针对小微企业及低收入人群的信贷市场就是"利基市场"（Niche Market），这个市场针对的是被大多数金融机构忽略的数量较小的低收入客户或中小微企业，这部分市场虽然规模不大，但由于传统金融产品无法满足此类需求，因此蕴含丰富的潜在机会。随着数字金融的不断创新，市场的激烈竞争必然促进传统金融机构要想方设法提升运营效率，因此金融机构的成本会在不断创新和逐鹿中逐渐降低。从中国普惠金融研究院发布的《中国普惠金融发展报告2019》可以看出，我国小微企业信贷市场需求远大于供给，而小微企业的不良贷款率可以控制在商业可持续的水平。数字技术在传统银行的使用能够有效降低成本，控制风险减少银行与小微企业由于价格原因无法达成的交易，从而扩大银行利润空间。

借鉴林毅夫和孙希芳（2005）及李柳颖（2019）的研究思路，本书在假定借款人与贷款人异质性的前提下分析有数字普惠金融机构参与的信贷市场的均衡。

首先，假设在一个信贷市场中有众多的小微企业或低收入家庭借款人，每个借款人拥有一个固定单位的投资，所有的投资项目分为高风险项目（风险特征为 θ_H）和低风险项目（风险特征为 θ_L），项目收益为随机变量 Y_i，取值区间为 $[0, w]$。根据潜在借款人的项目风险以及是否能够提供担保或抵押将借款人分为四类：a 类（低风险，有抵押或担保）；b 类（高风险，有抵押或担保）；c 类（低风险，无抵押或担保）；d 类（高风险，无抵押或担保）。

假设该信贷市场中贷款人有两类传统金融机构和数字普惠金融机构，这两类贷款者的风险偏好为中性。金融机构能够提供的信贷合同包括 $\{(R_a, C_a), (R_b, C_b), (R_c, C_c), (R_d, C_d)\}$，其中，R 为贷款利率，C 为担保或抵押物价值。金融机构贷款净利润 $\rho_i(R, C) = \min\{R, Y_i+C\} - \rho$，其中 ρ 是金融机构的资金成本。借款人获得贷款进行投资的利润 $\pi_i(R, C) = \max\{Y_i-R-k_iC, -(C+k_iC)\}$，其中，$k_iC$ 表示第 i 个借款人提供担保或抵押的成本，且 $0 \leq k_a \leq k_b < +\infty$，$k_c = k_d = +\infty$。

接下来讨论数字普惠金融机构与传统金融机构共存的信贷市场。由于传统金融机构青睐有担保或抵押的客户，因此数字普惠金融机构力图利用数字和互联网技术获取更加全面的客户信息，通过大数据技术对信息进行甄别筛查实现精准放贷，这类贷款对担保和抵押的要求更低。所以可以认为数字普惠金融机构的贷款利润为 $\rho_i(R) = \min\{R, Y_i\}$，$i=H, L$。借款人从数字普惠金融机构获得贷款进行投资的借款人利润为 $\pi_i'(R) = \max\{Y_i-R, 0\}$。此时信贷市场中的信贷合同包括 $\{(R_a, C_a), (R_b, C_b), (R_c, C_c), (R_d, C_d), (R_L), (R_H)\}$，其中 (R_L)、(R_H) 分别是数字普惠金融机构向低风险和高风险借款人提供的信贷合同。

不同的借款人可以在不同的贷款者提供的信贷合同中进行选择，由于数字技术的运用使数字普惠金融机构获取信息的成本及服务成本下降，传统金融机构和数字普惠金融机构为了争取客户展开激烈竞争，因此目前的这个信贷市场更接近于一种竞争均衡。数字普惠金融机构所拥有的小微企业及低收入家庭的信息产生了正外部性，弥补了传统金融机构信贷配置低效率的短板，促使信贷市场达到最优市场均衡。

2. 对居民及生产部门的驱动效应

数字普惠金融利用互联网和移动设备将金融服务延伸到被排斥的角落，把金融产品的需求者——小微企业和低收入人群包容到金融体系中，通过解决其面临的投融资困难问题拉动就业，驱动他们进行创新创业及合理的投资消费活动。

创新创业是金融领域影响经济增长的主要途径，虽然数字普惠金融是以公平为原则覆盖全社会，并不是只为遭受金融排斥的低收入家庭或小微企业提供特别服务，但是小微企业和低收入家庭却是实实在在能够从中受益的部门。数字普惠金融能够帮助小微企业摆脱融资困境，小微企业可通过金融机构的普惠金融贷款或 P2P 平台获得小额贷款，从外部获得资金支持以解燃眉之急实现资金周转，增加创新创业投入。

低收入家庭及个人可利用新兴的数字金融产品从更多渠道获得信贷，这些资金支持能够帮助那些因缺乏资金而无法创业的富有创业精神的创业者提升创业绩效。数字普惠金融产品的使用者也可以通过灵活新颖的金融产品进行小额投资，收入的增加以及消费信贷的增加能够刺激消费，由此带来的储蓄和投资的增加可以通过居民部门促进经济增长。

借鉴王修华和谭开通（2012）的研究，假设小微企业或低收入家庭获得生产性贷款后的投资预期利润函数为：

$$\pi = \omega f_c(A, r, D=1) + (1-\omega) f_s(A, r, D=1) - A(1+r) \tag{5-1}$$

其中，ω 为预期投资成功的概率，r 为贷款利率，A 为贷款金额，$f_c(A, r, D=1)$ 为投资成功后的预期收益，$f_s(A, r, D=1)$ 为投资失败后的预期收益。

D＝1 表示获得贷款的状况。

利润最大化的一阶条件为：

$$\frac{\partial \pi}{\partial A} = \omega f'_{cA} + (1-\omega) f'_{sA} - (1+r) = 0 \tag{5-2}$$

从式（5-2）可知，当投资回报率 $\omega f'_{cA} + (1-\omega) f'_{sA} - 1 > r$ 时，小微企业或低收入家庭就会有更强的借贷意愿和生产积极性。数字普惠金融能够有效降低贷款成本，因此 r 的下调能够吸引更多的小微企业或低收入家庭积极向金融机构申请借贷。生产投资的增加将会强有力地促进居民及生产部门的产出。

3. 对社会公平的驱动效应

数字普惠金融具有包容性，一方面通过"融资权平等"使小微企业、低收入和偏远地区人群在数字普惠金融体系中平等地获得多样化的金融借贷、保险、投资产品；另一方面通过"金融机会平等"在就业、脱贫、教育等方面推进机会平等，有助于实现最终的社会公平。

党的十八届三中全会通过的《中共中央关于全面深化改革若干重大问题的决定》强调普惠金融的核心就是"人人享有平等的融资权"，这种人人平等的融资权作为一种经济力量不但能够推动社会发展，而且能够帮助居民实现自身发展。平等的融资权有利于保障个体的生存权和发展权。数字普惠金融能够帮助中低收入居民获得公平的融资机会，从短期看，他们以低成本从外界获得资金支持能够减轻一定的经济压力，提升生活品质；从长期看，参与金融市场的机会为他们提供了分享经济发展成果的渠道。此外，平等的融资权能够提供更多就业机会，促进创业增加收入。数字普惠金融可以帮助小微企业扩大生产从而增加就业机会，有效提高中低收入人群的收入水平，缩小贫富差距、促进社会和谐。

数字普惠金融通过投融资主体的多样性实现了金融机会平等。一方面，投融资主体的多样性有助于分散经济增长的风险，维护金融稳定性。数字普惠金融的发展通过增加金融产品及服务的供给，让更多的人参与到投融资活动中，这既能够有效解决融资难、融资贵的问题，又有利于分散金融风险、实现金融稳定。另一方面，投融资主体的多样性同时意味着将有更多的居民及企业参与发展成果的分享。在数字普惠金融体系中有越来越多的小微企业、低收入家庭进入金融市场，他们将会有更多的机会选择投资金融产品，随着利率市场化改革的深入，投融资主体的多样化带来的金融机会平等将提升居民的金融资产选择权和议价能力，使其能够获得更高的投资回报。

二、数字普惠金融对经济增长的直接作用

一国金融体系通过对不同部门的资金调配实现资源配置，这种配置行为通过资本积累和技术进步推动经济增长。数字普惠金融是数字技术在金融领域的创新，因此数字普惠金融对经济增长的直接影响可以从金融发展和技术进步两个方面进行理论分析。

Pagano（1993）提出了一个金融市场对经济增长影响机制的内生模型，该模型成为许多研究金融发展、金融市场与经济增长之间关系的理论基础。以 AK 模型为基础认为总产出是总资本存量的线性函数：

$$Y_t = AK_t \tag{5-3}$$

其中，A 为柯布—道格拉斯函数中的技术进步，K 是物质资本和人力资本的复合体，就像 Lucas（1988）假设的一样，两种资本可以用相同的技术重现。

假定人口是固定的，并且经济产生可以投资或消费的单一商品，如果投资，则每个期间的折旧率为 δ。此时总投资等于：

$$I_t = K_{t+1} - (1-\delta)K_t \tag{5-4}$$

在没有政府的封闭经济中，资本市场均衡要求 $S_t = I_t$。假设储蓄中将有 $1-\phi$ 在金融中介过程中"流失"，即：

$$\phi S_t = I_t \tag{5-5}$$

根据 AK 模型可知，在 t+1 时的经济增长率为 $g_{t+1} = Y_{t+1}/Y_t - 1 = K_{t+1}/K_t - 1$。

对式（5-4）进行时间指数平滑，稳态经济增长率可写为：

$$g = A \frac{I}{Y} - \delta = A\phi s - \delta \tag{5-6}$$

其中，s 表示总储蓄率 S/Y。等式（5-6）简要地揭示了金融发展如何影响增长——金融发展能够通过提高储蓄—投资转化率 ϕ，增加资本的社会边际生产率 A，或者增加私人储蓄率 s 的途径促进经济增长。也就是说，一国经济体以金融中介为桥梁将储蓄资本转化为投资资本，转化过程中必然会产生成本。随着金融市场竞争程度不断提高，金融机构会想尽办法降低成本提高效率从而通过提高储蓄—投资转化率刺激经济增长。

由于数字普惠金融的发展能够优化资本的分配效率促进资本的社会边际生产率的提高，能够通过减少交易成本提高储蓄—投资转化率，更能够通过提供投资机会增加居民收入，因此运用 Pagano（1993）的模型能够得到数字普惠金融积极推动经济的增长的结论。

与此同时，按照传统的经济增长理论，经济的增长会受到可利用的实物资本、金融资本与劳动力等生产要素的影响。然而，随着科学技术的不断发展其对经济的影响力不断增加，传统的经济增长理论已经很难分析一些经济现象和问题。这主要是由于传统的经济增长理论将技术进步假定为外生因素，且不属于物质或者资本。与之相反，内生经济增长理论认为技术进步是内生的，而且劳动力也应当被看作是人力资本。因此，内生经济增长理论认为推动经济增长的主要力量来自人力资源、物质资本和技术进步。

互联网具有明显的外部性和溢出效应，对各国经济和社会能够形成复杂而深远的影响。基于互联网和数字技术发展起来的数字金融是将互联网及数字技术手段注入传统金融得以形成，因此本节提出在分析数字普惠金融对经济增长的影响效果时可以在原柯布—道格拉斯生产函数的基础上，纳入"数字普惠金融变量"作为理论模型。首先假定各个行业中具有代表性的生产者的生产遵循 Cobb - Douglas 生产函数：

$$Y = F(A, K, L) = AK^{\alpha_1}L^{\alpha_2} = A(T)K^{\alpha_1}L^{\alpha_2} \tag{5-7}$$

其中，A、K、L分别为柯布—道格拉斯函数中的技术进步、资本投入和劳动投入。其中技术进步A可以看作是数字技术T的函数。T代表数字技术，即以云计算、大数据、移动互联网、人工智能等为代表的数字技术。A（T）表示技术进步当中数字技术的投入。

$$A(T) = AT^{\alpha_3} \tag{5-8}$$

α_3是数字技术的影响参数（$0<\alpha_3<1$），A代表了数字技术以外的技术进步，式（5-8）代入式（5-7）可以得到考虑数字技术之后的生产函数：

$$Y = AK^{\alpha_1}L^{\alpha_2}T^{\alpha_3} \tag{5-9}$$

根据戴维（2011）的经济增长理论，政府是影响经济增长的直接因素。在实践中，很多国家是由政府直接对普惠金融进行总体部署，由金融深化理论可知，政府在发展数字普惠金融的过程中具有三个非常重要的功能：一是资金引导功能。政府实施的各项金融深化政策能够通过货币市场的改革提高金融市场资源配置效率从而增加低收入家庭及小微企业的资金可获得性。二是成本补偿功能。政府运用税收补贴或优惠利率等手段，对特殊地区、特别业务和专门机构给予一定的政策扶持，从而有效帮助金融机构解决普惠金融产品的成本与收益不相配的难题。三是制度保障功能。政府通过相关法律法规的制定，可以帮助数字普惠金融市场的各类参与者建立风险防范意识，有助于控制数字金融产品的风险，所以本研究用G"政府政策"作为"普惠金融"的代理变量。

因此，数字普惠金融对经济增长的影响模型中加入政府政策因素后式（5-9）修正为：

$$Y = AK^{\alpha_1}L^{\alpha_2}T^{\alpha_3}G^{\alpha_4} \tag{5-10}$$

由于数字普惠金融是数字技术与普惠金融的结合体，它对经济增长的影响分别通过技术创新和政府金融政策支持两个方面产生效果。所以可以用D表示某地区的数字普惠金融投入变量，它是普惠金融与数字技术结合的函数。

$$D = g(G, T) = T^{\alpha_3}G^{\alpha_4} \tag{5-11}$$

至此，考虑了数字普惠金融变量的生产函数可以构建为：

$$Y = F(A, K, L, D) = AK^{\alpha_1}L^{\alpha_2}D^{\beta}(\alpha_1 + \alpha_2 + \beta = 1) \tag{5-12}$$

根据以上分析，本书提出以下假设：

假设 H1：数字普惠金融对经济增长有正向影响。

另外，由于数字普惠金融通过影响小微企业的技术创新可能会产生区域间经济溢出效应进而促进经济增长，即一个国家或地区率先将数字技术应用于普惠金融的发展中，其带来的"示范效应"会引起周边国家或地区的效仿；同时，数字普惠金融对经济增长的影响可能产生"涓滴效应"和"扩散效应"，即一国数字普惠金融水平的提高通过促进居民消费和企业投资的增加带动周边国家或地区的经济增长；此外，空间经济学理论认为经济的增长不仅取决于经济体内部的生产要素，同时也取决于邻近经济体的这些变量。

基于此，本书提出以下假设：

假设 H2：数字普惠金融对经济增长的影响存在空间溢出效应。

三、数字普惠金融影响经济增长的间接传导路径

从前文可知，金融发展与技术进步结合而成的数字普惠金融能够直接影响经济增长。而在数字普惠金融对金融部门、居民及生产部门的驱动效应分析中可以看到数字普惠金融可以通过缓解信贷约束、增加创业和投资机会、缩小收入差距促进经济增长，因此，本书将论证数字普惠金融对经济增长影响的四个传导路径。

1. 信贷约束

数字普惠金融能够从供给和需求两个方面缓解小微企业和低收入人群遭遇的信贷约束问题。一方面，随着数字金融的不断创新，传统金融机构必然要想方设法提高经营效率以应对来自互联网金融企业的挑战，因此金融交易成本必定会在不断地创新和竞争中逐渐降低，前面的分析也表明数字普惠金融机构的参与能够

增加贷款资金的供给。数字普惠金融的"去中介化"特征使资金供给者与资金需求者直接发生联系，中间环节减少降低了交易成本和门槛。数字普惠金融机构无须大量营业网点和人工，服务成本明显下降。麦肯锡全球研究所调研发现，与传统银行机构相比，金融服务提供商为客户提供数字账户的成本或将降低80%~90%。越来越多的低收入人群和小微企业能够通过互联网、电脑或手机在数字金融产品中寻找到满足自己需求的产品与服务，这将大大促进需求的增加。P2P网贷平台、小额信贷、众筹等新型融资平台及传统金融机构能够根据市场的新需求通过多种渠道提供更加有针对性的信贷产品从而减少信贷约束。

另一方面，小微企业和低收入人群之所以被传统金融机构忽视，一个重要的原因是他们的财务状况和信息透明度差、信息不对称。数字普惠金融利用数字和互联网技术能够高效、及时地获取客户信息，通过大数据技术对信息进行甄别筛查实现精准放贷，从而在一定程度上解决信息不对称问题增加了信贷供给，缓解了信贷约束。小微企业信贷约束问题的缓解增加了企业产出，从而推动经济增长。因此本书认为信贷约束在数字普惠金融对经济增长产生影响的过程中起到了中介作用。

综上所述，本书提出以下假设：

假设H3：数字普惠金融可以通过缓解信贷约束促进经济增长。

2. 创业

发达国家的经验表明，创业对经济增长的促进作用不可小觑。技术创新、个人创业必须要有足够的资金支持。正是由于资本对于开办企业至关重要，这使遭受信贷约束的创业者被排除在资本市场之外。信贷约束一方面是由于信息不对称造成，另一方面是由于供需双方在借贷价格上未达成一致造成了信贷错配，最终使创业行为由于缺乏资金而受挫。而金融发展能够从外部帮助个人或企业获得信贷支持。随着数字技术的不断发展，数字普惠金融机构能够利用大数据、物联网等前沿技术获得创业企业及创业者的有效信息，通过前面的分析可以看到数字普惠金融的发展能够为创业者尤其是无法获得抵押或担保的创业者提供创业资金支持，信贷资金供给的增加可以激励创业者因信贷约束而受到抑制的创业活动，这将显著提升之前被排斥在金融市场之外的创业主体的创业活动。

Avi 和 Catherine（2019）指出，数字技术能够降低企业的搜索成本（Search Costs）、复制成本（Replication Costs）、运输成本（Transportation Costs）、跟踪成本（Tracking Costs）以及验证成本（Verification Costs），这可以吸引世界各地的企业融入到全球供应链。数字普惠金融的发展释放了大量的商业机会，其中数字支付就能够为小微及个体企业提供便捷的支付、转账服务，且使其能够突破地域限制将业务拓展到偏远地区；品种丰富的互联网保险产品也能够为小微企业或低收入家庭提供有效保障，降低其创业风险。因此，数字普惠金融能够通过鼓励创业提高企业竞争力、推动企业发展，进而影响经济增长。

综上所述，本书提出以下假设：

假设 H4：数字普惠金融可以通过鼓励创业促进经济增长。

3. 投资

亚当·斯密在《国富论》中指出，投资和资本积累是经济增长的核心推动力，凯恩斯强调政府投资对经济的积极影响作用，哈罗德—多马模型论证了投资的双重作用即增加有效需求和资本存量，因此可以说经济学家们已经就投资对经济增长的促进作用达成了共识。数字普惠金融的推广能够增加更多价格合理、种类繁多的金融产品的供给，从而满足小微企业及低收入家庭金融投资产品的有效需求。对小微企业而言，信贷约束的缓解能够调动其投资意愿，抓住在激烈市场竞争中存活和成长的机遇，数字普惠金融中的众筹平台能够为小微企业提供更多投资项目，数字技术的发展也涌现了众多投资机会，各类互联网理财产品丰富了小微企业保值增值的渠道；对低收入人群而言，数字普惠金融为其提供了更多的产品和便捷的服务。数字支付有利于小额资金的转账，互联网理财的低门槛能够为被传统金融机构排斥的低收入家庭提供更多的投资产品，众筹平台能够为他们提供崭新的投资机会，互联网保险也能够保障家庭财产的安全，提高居民投资积极性。

数字普惠金融的发展不但能够从总量上增加投资需求，而且也能够从结构上满足更多企业与居民的投资需求，当之前被排斥的个人和企业储蓄被转入正规金融体系，储蓄—投资转化率的增加能够促进投资效率的提升、促进经济的增长。

综上所述，本书提出以下假设：

假设 H5：数字普惠金融可以通过刺激投资促进经济增长。

4. 城乡收入差距

国务院发布的《推进普惠金融发展规划（2016—2020 年）》指出普惠金融要建立一个惠及全部人群的、运转有效的、层次多样的金融体系，有效地促进经济发展。只有促进整个经济和社会的发展，让社会各个群体公平地享有各种金融权利，并在发展中实现经济和社会的改进，才能解决包含贫困在内的各种经济社会问题。因此，发展数字普惠金融的目标之一就是通过提高居民收入尤其是低收入家庭的收入以缩小城乡收入差距，从而促进经济增长。

金融机构能否给低收入家庭、偏僻地区和中小微企业公平地提供金融产品和服务直接影响到城乡地区居民的收入分配。传统金融部门由于交易成本过高因此提供产品时长期存在"门槛效应"和"排斥效应"，这造成了金融服务歧视与失衡，扩大了城乡收入差距。数字普惠金融能够在不影响效率的同时兼顾公平，在促进金融可得性、扩大内需、减缓贫困、改善城乡二元结构等方面具有积极作用。信贷约束的缓解使低收入家庭尤其是农村家庭积极地参与生产性经济活动从而增加非农业收入。数字普惠金融通过给低收入居民提供更多投资机会，帮助其增加收入；与此同时，数字普惠金融的发展可以增加生产机会并推动劳动产出效率的持续增加，从而促进居民尤其是农村居民增收；数字普惠金融还能够通过新技术的使用与发展释放新的商业机会，增加居民就业和收入。在数字普惠金融的协助下农村居民收入的增加有助于减缓城乡收入差距，经济发展不均衡的问题得到缓解将促进经济的持续稳定发展。

综上所述，本书提出以下假设：

假设 H6：数字普惠金融可以通过减少城乡收入差距促进经济增长。

数字普惠金融对经济增长影响的机理如图5-2所示。根据数字普惠金融对经济增长影响的机理分析，本书将分别对直接作用和中介作用进行实证研究以打开数字普惠金融影响经济增长的黑箱。

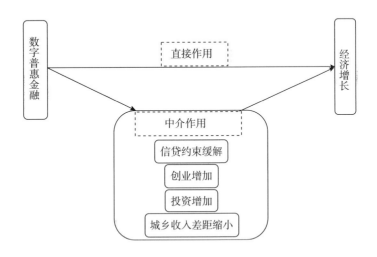

图5-2　数字普惠金融影响经济增长的机理

四、模型构建及数据来源

1. 模型构建

（1）传统计量模型。

根据第二章对现有研究的分析总结，参考研究"普惠金融"对经济增长的文献（Kim等，2018），本书将运用传统计量方法（跨国截面数据采用OLS估计，省级面板数据采用双向固定效应模型）分析数字普惠金融及其不同维度对经济增长的影响。基本模型如下：

$$Y_{it} = \alpha_0 + \alpha_1 IDFI_{it} + \alpha_2 X_{it} + \varepsilon_{it} \tag{5-13}$$

$$Y_{it} = \alpha'_0 + \alpha'_1 SubIDFI_{it} + \alpha'_2 X_{it} + \varepsilon'_{it} \tag{5-14}$$

其中，Y_{it} 表示第 t 年 i 国（或省份）人均生产总值的对数，$IDFI_{it}$ 表示第 t 年 i 国（或省份）的数字普惠金融水平，X_{it} 为控制变量，ε_{it} 和 ε'_{it} 为随机扰动项。α_1 和 α_1' 分别衡量了数字普惠金融及其分指数的发展对经济增长的总体影响。

（2）空间计量模型。

由于人均 GDP 增长率具有较强的空间性，即一国经济增长可能受到周边国家经济增长的影响，因此本书将采用空间计量方法分析数字普惠金融对经济增长影响的空间效应。

空间计量经济学模型有多种类型，纳入了空间效应并适用于截面数据和面板数据的空间常系数回归模型包括空间自回归模型（SAR）、空间误差模型（SEM）和空间杜宾模型（SDM）。本书将从这三个模型中选取适合分析数字普惠金融对经济增长影响的空间模型。

一般的空间面板模型设定如下：

$$\begin{cases} y_{it} = \Gamma y_{i,t-1} + \rho W'_i y_t + X'_{it}\beta + d'_i X_t \delta + u_i + \gamma_t + \varepsilon_{it} \\ \varepsilon_{it} = \lambda m'_i \varepsilon_t + V_{it} \end{cases} \tag{5-15}$$

其中，$y_{i,t-1}$ 是被解释变量经济增长 y_{it} 的一阶滞后，即其相邻区域的人均 GDP。$d'_i X_t \delta$ 代表解释变量的空间滞后，即来自相邻区域自变量的影响。d'_i 为相应空间矩阵的第 i 行，γ_t 为时间效应，m'_i 为扰动项空间矩阵的第 i 行。

1）如果 $\lambda = 0$，则一般模型转换为空间杜宾模型。反映某一区域被解释变量除了受到邻近区域的被解释变量的影响还会受到邻近区域的自变量影响，即相邻地区的被解释变量和自变量与本地区的被解释变量存在空间相关性。

2）如果 $\lambda = 0$，且 $\delta = 0$，则一般模型转换为空间自回归模型，反映因变量对周边地区是否有扩散表现（溢出效应），即相邻地区的被解释变量可能相互依赖。

3）如果 $r = \rho = 0$，且 $\delta = 0$，则一般模型转换为空间误差模型，该模型将因变量的空间滞后值作为自变量纳入回归。测度邻近区域因变量的误差冲击对本地因变量的影响程度。反映了不包含在 X 中但对 Y 有影响的遗漏变量存在空间相关性。

本书将在这三个经典空间计量模型中选择适合的模型分析数字普惠金融对经济增长的影响。

另外，变量间的空间关联关系导致经典传统计量经济学模型样本点不再满足独立同分布的古典假设，因此，如何分析和研究空间关联关系就成为空间计量经济学发展的初衷。在空间计量表达中，空间关联具体是通过空间权重矩阵来体现的。构建空间权重矩阵是进行空间计量分析的基础和关键，它可以表现观察变量的空间交互关系。

若截面个体的数量为 n，则建立的空间权重矩阵 W_n 为 n×n 的对称矩阵，其元素为 $\{W_{ij}\}$，i，j＝1，…，n。其中，对角线上的元素都为 0，W_{ij} 表示区域 i 和区域 j 在空间上联系的紧密程度。

本书将使用基于地理邻近关系（Queen 邻接）的空间权重矩阵研究数字普惠金融对经济增长的影响。邻近空间权重矩阵因其对称性及计算简单而较为常用，适合于测算地理空间效应的影响。

Queen 邻接矩阵的设置原则为：当两地区相邻接（有共同边界或顶点）时，设定其矩阵元素为 1，反之则设其为 0。

$$W_{ij}=\begin{cases} 0 & i=j \text{ 或 } i \text{ 与 } j \text{ 不相邻} \\ 1 & i \neq j \text{ 或 } i \text{ 与 } j \text{ 相邻} \end{cases}$$

（3）中介效应模型。

为了进一步检验数字普惠金融是否通过中介变量对经济增长产生影响，本书首先参考 Baron 和 Kenny（1986）、温忠麟等（2004）的方法，根据中介效应检验程序进行检验，分为三个步骤：

1）检验数字普惠金融（解释变量）对经济增长（被解释变量）的影响。

$$Y_{it}=\alpha_1+c'\text{IDFI}_{it}+\alpha_2 X'_{it}+\varepsilon_{it} \tag{5-16}$$

2）检验数字普惠金融（解释变量）对信贷约束、创业、投资、城乡收入差距（中介变量）的影响。

$$M_{it} = \beta_1 + aIDFI_{it} + \beta_2 X'_{it} + \theta_{it} \tag{5-17}$$

3）检验数字普惠金融（解释变量）结合信贷约束、创业、投资、城乡收入差距（中介变量）共同对经济增长（被解释变量）的影响。

$$Y_{it} = \gamma_1 + cIDFI_{it} + bM_{it} + \gamma_2 X'_{it} + \delta_{it} \tag{5-18}$$

其中，M 为中介变量（信贷约束、创业、投资、城乡收入差距），X′代表控制变量，式（5-18）中的 c 反映数字普惠金融对经济增长的直接影响，a 与 b 的乘积反映间接效应，如果 |c| < |c′| 就说明中介变量在数字普惠金融对经济增长的影响中具有部分中介效应。

然后再按照 Preacher 等（2007）和 Zhao 等（2010）提出的 Bootstrap 方法进行进一步的中介效应检验，以加强对中介效应结果的判断，只要 a×b 所处的置信区间（bs1）不包含零就可以认为确实存在间接效应。

2. 数据来源和变量说明

（1）跨国层面实证分析数据及变量。

由于国际货币基金组织和世界银行关于移动货币和数字金融的调查目前只有 2017 年的数据，还没有公布最新调查结果，因此本书仅进行一期的截面数据分析。

1）被解释变量。借鉴吴茂国和陈影（2018）、杜强和潘怡（2016）的研究方法，采用 104 个国家（因为科索沃公开数据不全，所以将该地区从 105 个指数计算国中剔除）的人均生产总值作为经济增长的代理指标。

2）解释变量。

本书第三章计算的跨国数字普惠金融指数（IDFI）以及三个分维度指数（ACCE、USAGE、LIT）。

3）控制变量。

借鉴 Kim 等（2018）、Bjork（1999）、Mankiw（2012）和 Barro（1996）以及彭俞超（2015）关于影响经济增长因素的研究结论，本书选取的控制变量包括总就业人口比率（LABOUR）、按消费者价格指数衡量的通货膨胀率（INF）、进出口总额占 GDP 比例（TRADE）、政府最终消费占 GDP 比例（GOV）、政府教育支出占 GDP（EDU）比例（见表 5-1）。

表 5-1　跨国层面实证分析控制变量解释

变量	符号	描述	数据来源
就业情况	LABOUR	15 岁（含）以上总就业人口比率，变量的预期符号为正	WDI
通货膨胀	INF	以居民价格指数反映的通货膨胀水平，变量的预期符号为负	WDI
经济开放	TRADE	进出口商品贸易总额占 GDP 比例，尽管出现正号比符号可能性更大，但该变量没有结论性的符号	HDI
政府规模	GOV	政府最终消费占 GDP 比例，它反映了政府的规模。根据政府支出的类型，变量的预期符号可能是正号或负号	WDI
教育投入	EDU	政府教育支出占 GDP 比例，变量的预期符号为正	WDI

注：WDI：世界银行世界发展指数；HDI：联合国人类发展指数与指标。

（2）省级层面实证分析数据及变量。

由于 2018 年 P2P 平台的数量和交易量出现了断崖式下跌，导致数据的连贯性与可比性下降，本书在第三章中的指数计算以 2013~2017 年的数据为基础，暂不计算 2018 年及以后的年份。因此在实证分析中本书仍将采用 2013~2017 年 31 个省（自治区、直辖市）的面板数据进行实证分析。

1）被解释变量。

以 2013~2017 年我国 31 个省（自治区、直辖市）的人均生产总值作为被解释变量。

2）解释变量。

省级数字普惠金融指数（IDFI）以及三个维度分指数（ACCE、USAGE、LIT）分别作为模型中的解释变量。这些数据来自第三章中"省级数字普惠金融评价指标体系"的计算结果。

3）控制变量。

同样借鉴已有文献关于影响经济增长因素的研究结论，本书选取的控制变量包括城镇单位就业人员占城镇人口比率（LABOUR）、按消费者价格指数衡量的通货膨胀率（INF）、经营单位所在地进出口总额占 GDP 比率（TRADE）、财政支出水平占 GDP 比率（GOV）、教育支出占 GDP 比率（EDU），具体解释在表5-2中（各个变量分午度的描述性统计见附录6）。

表 5-2　省级层面实证分析控制变量解释

变量	符号	描述
就业情况	LABOUR	城镇单位就业人员占城镇人口比率，变量的预期符号为正
通货膨胀	INF	以居民价格指数反映的通货膨胀水平，变量的预期符号为负
经济开放	TRADE	经营单位所在地进出口总额占 GDP 比率，尽管出现正号比符号可能性更大，但该变量没有结论性的符号
政府规模	GOV	财政支出水平占 GDP 比率，变量的预期符号可能正号或负号
教育投入	EDU	教育支出占 GDP 比率，变量的预期符号为正

资料来源：国家统计局。

3. 统计描述

（1）跨国层面数据。

本书对人均 GDP 其取自然对数以消除异方差，由于其他变量都是比例变量或小于1，因此按照常规不做取自然对数处理，跨国层面变量的统计描述如表5-3所示。

表 5-3　跨国层面变量的统计描述

变量	观测数量	均值	标准误	最小值	最大值
经济增长	104	9.448	1.588	0.346	11.669
数字普惠金融	104	0.598	0.154	0.314	0.936
可接触性	104	0.721	0.133	0.399	0.91
使用性	104	0.61	0.166	0.394	0.992
金融素养	104	0.367	0.237	0.029	0.979
就业情况	104	57.779	11.2	33.414	86.705
通货膨胀	104	9.266	30.391	−0.83	205.96

续表

变量	观测数量	均值	标准误	最小值	最大值
经济开放	104	98.676	78.866	21.5	619
政府规模	104	16.512	5.195	4.3	32.4
教育投入	104	4.604	1.489	1.2	8.3

　　由于跨国层面的数据是 2017 年的截面数据，因此需排除多重共线性问题，表 5-4 展示了自变量方差膨胀系数 VIF，由于 VIF 都远远小于 10，因此不存在多重共线性。

表 5-4　方差膨胀系数

变量	VIF	1/VIF
IDFI	1.320	0.755
LABOUR	1.040	0.962
INF	1.130	0.881
TRADE	1.090	0.916
GOV	1.700	0.588
EDU	1.580	0.632
Mean VIF	1.270	

　　表 5-5 反映了自变量与经济增长之间的相关关系。除通货膨胀水平与贸易水平外，经济增长与其他变量均呈正相关。

表 5-5　变量相关矩阵

变量	lnGDP	IDFI	LABOUR	INF	TRADE	GOV	EDU
lnGDP	1.000						
IDFI	0.592***	1.000					
LABOUR	0.091	0.027	1.000				
INF	−0.357***	−0.273***	0.040	1.000			
TRADE	−0.210**	0.215**	−0.051	0.083	1.000		

变量	lnGDP	IDFI	LABOUR	INF	TRADE	GOV	EDU
GOV	0.176*	0.366***	−0.123	−0.194**	0.018	1.000	
EDU	0.179*	0.316***	−0.050	−0.139	0.073	0.592***	1.000

注：***、**、*分别表示在1%、5%、10%的统计水平上显著。

（2）省级层面数据。

表5-6报告了省级具体变量2013～2017年的描述统计结果（按年份的描述性统计见附录5）。从表中可以看到不同省份数字普惠金融发展水平及经济发展各方面指标差距很大。

表5-6 省级层面变量的统计描述

变量	观测数量	均值	标准误	最小值	最大值
经济增长	155	9.720	0.961	6.704	11.40
数字普惠金融	155	0.470	0.180	0.268	1
可接触性	155	0.233	0.215	0.039	0.940
使用性	155	0.140	0.086	0.015	0.602
金融素养	155	0.602	0.148	0.000	1.000
就业情况	155	0.234	0.057	0.129	0.433
通货膨胀	155	1.019	0.006	1.006	1.039
经济开放	155	0.108	0.160	5.31e-06	0.819
政府规模	155	0.284	0.213	0.121	1.379
教育投入	155	0.537	0.250	0.254	1.870

表5-7展示了省级层面基准模型自变量与经济增长之间的相关关系，数字普惠金融与经济增长在10%的显著性水平上正相关。

表5-7 31个省级面板数据变量相关矩阵

变量	lnGDP	IDFI	LABOUR	INF	TRADE	GOV	EDU
lnGDP	1.000						

续表

变量	lnGDP	IDFI	LABOUR	INF	TRADE	GOV	EDU
IDFI	0.163*	1.000					
LABOUR	0.397***	0.055	1.000				
INF	0.142	0.362***	−0.086	1.000			
TRADE	0.701***	0.182**	0.599***	0.032	1.000		
GOV	−0.395***	0.016	0.303***	−0.073	−0.253***	1.000	
EDU	−0.093	−0.364***	0.049	−0.137	0.023	−0.084	1.000

注：***、**、*分别表示在1%、5%、10%的统计水平上显著。

五、小结

本章首先提出数字普惠金融影响经济增长的三个驱动效应，并基于内生增长理论提出了加入数字普惠金融变量的生产函数，在此基础上提出本书的两个基本研究假设。其次剖析了数字普惠金融对经济增长的影响机理，提出信贷约束、创业、投资、城乡收入差距可能在该影响过程中存在中介效应的四个假设。最后介绍了本书实证分析将使用到的传统计量模型、空间计量模型和中介效应模型及使用数据情况。

第六章　时间维度视角下数字普惠金融对经济增长影响的实证分析

一、跨国层面传统计量模型的估计

鉴于国际货币基金组织和世界银行目前只有 2017 年有关移动货币和数字金融的相关调查数据，受新冠肺炎疫情影响，至今没有进行最新调查，本书在第三章中只计算了 2017 年 105 个国家/地区数字普惠金融指数，因此关于跨国层面数字普惠金融对经济增长影响的实证分析将基于 2017 年 104 个国家（因为科索沃公开数据不全，所以剔除该地区）的横截面数据展开。

1. 基准回归分析

由于本书使用的跨国数据是截面数据，因此可能存在规模效应（Scale Effect），很容易出现异方差，从图 6-1 残差散点图中可以看出残差与拟合值的散点呈现喇叭状，方差似乎有增大的趋势，说明可能存在异方差。

本书通过怀特（White）检验和 BP 检验对异方差进行检测，从表 6-1 的检验结果可以发现两种检验方法均拒绝原假设（$p < 0.05$），说明模型确实存在异方

差，基于此本书用 Robust 稳健标准误回归法（M 估计法）解决异方差问题。

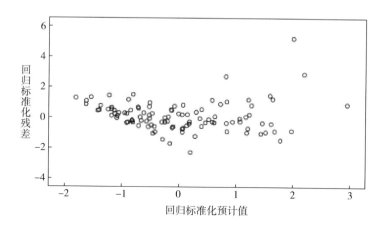

图 6-1 残差散点图

表 6-1 异方差检验结果

White 异方差检验		BP 异方差检验	
χ^2	p	χ^2	p
76.23	0.025	23.411	0.005

表 6-2 展示了数字普惠金融对经济增长的 OLS 估计结果。第（1）列汇报了模型 4-13 的估计结果，第（2）～第（4）列汇报了分别将可接触性指数、使用性指数、金融素养及能力指数作为解释变量放入模型 5-14 中的估计结果。

表 6-2 跨国层面数字普惠金融对经济增长影响的 OLS 估计结果

变量	（1）	（2）	（3）	（4）
IDFI	4.803 *** (1.304)			
ACCE		6.895 *** (1.506)		
USAGE			4.369 *** (0.548)	

续表

变量	（1）	（2）	（3）	（4）
LIT				4.625 *** （0.595）
LABOUR	−0.026 （0.020）	−0.039 （0.025）	−0.024 （0.021）	−0.028 （0.022）
INF	−0.009 ** （0.004）	−0.012 *** （0.004）	−0.009 ** （0.004）	−0.014 *** （0.004）
TRADE	−0.007 *** （0.001）	−0.007 *** （0.002）	−0.006 *** （0.001）	−0.005 *** （0.001）
GOV	−0.009 （0.026）	0.032 （0.032）	−0.019 （0.028）	−0.019 （0.028）
EDU	0.025 （0.089）	0.130 （0.109）	−0.061 （0.096）	0.020 （0.095）
R^2	0.570	0.561	0.520	0.511
N	104	104	104	104

注：***、**、*分别表示在1%、5%、10%的统计水平上显著，括号中的数值为稳健标准误。

从表6-2可以看出数字普惠金融指数（IDFI）对经济增长产生显著的正向影响，而且可接触性指数、使用性指数、金融素养和能力指数对经济增长的影响也显著为正，因此从跨国层面证明本书假设 H1 成立。

在三个分维度中可接触性指数对经济增长的促进作用最大，这表明通过增加数字金融产品的供给、传统金融机构规模网点的增加以及互联网和手机的普及率能够有效推动一国的经济增长。使用性指数和金融素养及能力指数对经济增长的影响也很显著，这是因为金融活动归根结底是"人"的行为，再好的金融产品没有人使用就没法推广普及，而居民的金融素养以及其金融行为习惯决定了其如何选择和使用金融产品，尤其是数字金融产品。金融素养及能力指数对经济增长的影响将会是长久和深远的。

2. 稳健性检验

为保证研究结论的可靠性，本书用以下三个方法进行了稳健性检验：

（1）替换被解释变量。

用各国 GDP 的对数替换人均 GDP 作为衡量经济增长的指标重新估计模型 5-13，回归结果在表 6-3 中显示。虽然回归系数变小了，但是数字普惠金融指数对经济增长的影响在 1% 的统计水平上仍然显著。

表 6-3 稳健性检验（1）

变量	Coef.	St. Err.	t-value	p-value	Sig.
IDFI	7.652	1.310	5.84	0.000	***
LABOUR	−0.016	0.016	−1.02	0.311	
INF	0.001	0.006	0.15	0.885	
TRADE	−0.006	0.002	−2.84	0.006	***
GOV	−0.040	0.042	−0.95	0.343	
EDU	0.005	0.148	0.04	0.972	
R^2			0.636		
N			104		

注：***、**、*分别表示在 1%、5%、10% 的统计水平上显著。

（2）采用缩尾处理法剔除离群值。

该做法是将样本数据落在（5%，95%）分位数之外的样本点，分别替换为 5% 和 95% 分位数上的样本数据，再以缩尾后的样本重新估计模型 5-13，回归结果展示在表 6-4 中。根据表中显示，对数据进行缩尾处理后，在 1% 的显著性水平上数字普惠金融对经济增长的影响是积极的。

表 6-4 稳健性检验（2）

变量	Coef.	St. Err.	t-value	p-value	Sig.
IDFI	5.038	0.579	8.70	0.000	***
LABOUR	−0.006	0.007	−0.88	0.382	
INF	−0.032	0.021	−1.52	0.133	
TRADE	0.000	0.002	−0.26	0.795	
GOV	0.003	0.020	0.17	0.870	

变量	Coef.	St. Err.	t-value	p-value	Sig.
EDU	−0.035	0.065	−0.54	0.590	
R^2			0.642		
N			104		

注：***、**、*分别表示在1%、5%、10%的统计水平上显著。

（3）考虑内生性。

虽然本书已经控制了相关的变量，但仍然可能会面临一些内生性问题：首先数字普惠金融与经济增长可能存在双向因果关系，同时，由于有众多影响经济增长的因素，本书选取的控制变量很难防止遗漏变量问题的出现，而且内生性检验χ^2（1）统计量为4.209，其p值为4.02%，小于0.05，故可判定IDFI为内生解释变量。因此，本研究将使用工具变量来缓解内生性问题。

借鉴黄群慧等（2019）的思路，在光纤宽带接入技术出现之前互联网的使用主要是通过固定电话实现的，因此早期固定电话普及率高的地区其互联网普及率可能会较高，该地区数字普惠金融开展的基础也较为扎实。另外，在固定电话大规模普及之前，人们的信息沟通方式主要是通过邮局系统，20世纪中后期许多国家的邮局还肩负着铺设固定电话线路的职能，因此，邮局的分布也可能会在一定程度上影响固定电话的分布进而影响互联网的先期接入量，进而影响数字普惠金融的普及。而历史上的固定电话线路数量与邮局数量对目前的经济增长几乎没有影响。所以，本书将选取2000年各国的每百人拥有固定电话线的人数（TEL）和每百万人拥有的邮局数量（POST）作为数字普惠金融指数的工具变量。Cragg-Donald Wald F值为55.891，大于Larcker和Rusticus（2010）建议的临界值，表明不存在弱工具变量问题。过度识别检验Sargan值为0.397，p值为0.697，故可认为工具变量为外生有效的。

OLS模型的回归结果分别在表6-5的第（1）列和第（2）列显示，采用2SLS工具变量回归法对内生性进行检验结果为表6-5的第（3）列和第（4）列。

表 6-5　稳健性检验（3）

变量	OLS 模型		2SLS 模型	
	工具变量 1（TEL）	工具变量 2（POST）	第一阶段	第二阶段
	（1）	（2）	（3）	（4）
IDFI	11.402***	11.605***		11.013***
	（1.123）	（1.869）		（1.121）
TEL			0.006***	
			（0.005）	
POST			0.050*	
			（0.192）	
LABOUR	0.009	0.007	0.002**	0.002
	（0.009）	（0.009）	（0.001）	（0.009）
INF	−0.010	−0.008	−0.001*	−0.007
	（0.008）	（0.009）	（0.000）	（0.009）
TRADE	−0.008*	−0.007*	0.001	−0.008**
	（0.004）	（0.004）	（0.000）	（0.004）
GOV	−0.003	−0.016	0.004	−0.019
	（0.026）	（0.021）	（0.003）	（0.021）
EDU	−0.117	−0.057	−0.011	−0.069
	（0.081）	（0.079）	（0.010）	（0.083）
R^2	0.618	0.621	0.693	0.566
N	104	104	104	104

注：***、**、*分别表示在 1%、5%、10%的统计水平上显著，括号中的数值为稳健标准误。
资料来源：POST 数据来自万国邮政联盟（http://www.upu.int），TEL 数据来自世界数据图册（ht-tp://cn.Knoema.com）。

稳健性检验的估计结果表明，无论是替换被解释变量，还是对解释变量进行缩尾处理，数字普惠金融对经济增长都产生了显著的正向影响。表 6-5 表明在使用工具变量控制内生性问题后，数字普惠金融指数的估计系数仍然显著为正，因此本书假设 H1 的检验结果是稳健可靠的。

3. 异质性分析

根据世界银行 2017 年使用人均国民总收入划分的国别分类，本书将 104 个国家分为高收入、中高收入、中低收入、低收入国家四类，分别计算这四类国家数字普惠金融水平对经济增长的影响。

从表 6-6 显示的异质性分析结果可以看到，数字普惠金融对经济增长的促进效

表6-6 跨国层面数字普惠金融对经济增长影响的异质性分析

变量	高收入国家				中高收入国家				中低收入国家	低收入国家
IDFI	1.535*** (0.529)				2.750** (1.107)				-1.011 (4.810)	12.716 (9.748)
ACCE		4.483*** (1.381)				2.484** (1.074)				
USAGE			1.182** (0.440)				1.284* (0.648)			
LIT				0.626** (0.274)				0.858 (0.535)		
LABOUR	0.020*** (0.005)	0.016*** (0.006)	0.019*** (0.005)	0.021*** (0.005)	0.013* (0.006)	0.011* (0.006)	0.009 (0.007)	0.014* (0.007)	0.019 (0.025)	-0.024 (0.024)
INF	-0.212*** (0.039)	-0.199*** (0.039)	-0.238*** (0.039)	-0.211*** (0.041)	0.072*** (0.024)	0.052* (0.024)	0.039 (0.027)	0.069** (0.026)	0.006 (0.009)	-0.014 (0.007)
TRADE	0.002*** (0.001)	0.002*** (0.001)	0.002*** (0.001)	0.002*** (0.001)	0.004** (0.002)	0.003 (0.002)	0.003 (0.002)	0.004* (0.002)	-0.004 (0.009)	-0.012** (0.002)
GOV	0.013 (0.012)	0.020* (0.011)	0.017 (0.012)	0.013 (0.012)	0.019 (0.024)	0.002 (0.025)	0.004 (0.025)	0.021 (0.026)	-0.046 (0.056)	-0.114 (0.110)
EDU	-0.045 (0.048)	-0.035 (0.045)	-0.077** (0.055)	-0.009 (0.047)	-0.063 (0.054)	-0.055 (0.055)	-0.053 (0.056)	-0.061 (0.058)	0.061 (0.203)	-0.205 (0.229)
R^2	0.731	0.743	0.723	0.709	0.459	0.440	0.405	0.368	0.123	0.981
N	41				26				27	9

注：***、**、*分别表示在1%、5%、10%的统计水平上显著，括号中的数值为稳健标准误。

应在高收入国家中最明显，细分到各维度也都对经济增长有显著的正向影响；在中高收入国家数字普惠金融对经济增长仍然是正向影响但是显著性降低，可接触性分指数和使用性分指数对经济增长有显著的正向影响，金融素养及能力分指数对经济增长影响不显著；在中低收入国家和低收入国家，数字普惠金融指数以及各分指数对经济增长的影响都不显著（限于篇幅，分指数回归结果未列出）。这可能是因为在这些国家数字经济、数字金融还不是经济发展的主要推动力，无论是各类金融产品的普及与使用，还是居民的金融素养及能力都与高收入国家存在极大的差距，因此这些国家的数字普惠金融急需发展。

二、省级层面传统计量模型的估计

由于 2018 年 P2P 平台的数量和交易量出现了断崖式下跌，在第三章中的指数计算以 2013～2017 年的数据为基础，暂不计算 2018 年及以后年份。省级层面数字普惠金融对经济增长影响的实证分析主要基于 2013～2017 年我国 31 个省（自治区、直辖市）的面板数据进行。

1. 基准回归分析

（1）单位根检验。

为了避免回归分析产生虚假结果，回归分析之前，本书对各变量进行面板单位根检验，保证所选取变量的平稳性和回归结果的有效性。考虑到只有五年的数据，选取 HT 检验更适合短面板数据进行单位根检验。检验结果如表 6-7 所示：

表 6-7　单位根检验结果

变量	Statistic	z	p-value
lnGDP	-0.3326[***]	-2.6397	0.0041

续表

变量	Statistic	z	p-value
IDFI	−0.1504	−0.7979	0.2125
LABOUR	−0.2855**	−2.1633	0.0153
INF	0.0483	1.2099	0.8868
TRADE	−0.2058*	−1.3583	0.0872
GOV	−0.2014*	−1.3140	0.0944
EDU	0.5457	6.2368	1.0000

注：***、**、*分别表示在1%、5%、10%的统计水平上显著。

通过上述检验，发现有几项指标未通过单位根检验，对其进行一阶差分后继续检验，结果如表6-8所示：

表6-8 一阶差分后单位根检验

变量	Statistic	z	p-value
IDFI	−0.2560***	−6.3158	0.0000
INF	−0.2762***	−6.5104	0.0000
EDU	0.1614***	−3.8682	0.0001

注：***表示在1%的统计水平上显著。

HT检验结果表明部分变量一阶差分后的数据为平稳序列，本书将使用该平稳序列进行进一步非空间计量分析。

（2）基准回归。

初步设定面板数据模型使用式（5-13）的模型，其中i=1，2，…，31；t=2013，2014，…，2017。

由于双固定效应在固定效应模型中考虑时间效应可以捕捉到数字技术和互联网技术进步的效应，基于Hausman检验的结果，本书认为在传统计量模型估计中双向固定效应模型较适合用来分析省级数字普惠金融发展水平对地区经济增长的影响。表6-9中第（1）列为省级层面数字普惠金融对经济增长的回归结果，第

（2）~第（4）列分别把可接触性指数、使用性指数和金融素养指数作为核心解释变量带入模型 5-14 进行回归。

表 6-9 省级层面数字普惠金融对经济增长影响的估计结果

变量	（1）	（2）	（3）	（4）
IDFI	0.706 ***			
	（0.188）			
ACCE		0.525 ***		
		（0.120）		
USAGE			0.046	
			（0.209）	
LIT				0.572 ***
				（0.185）
LABOUR	1.901 ***	1.696 ***	2.459 ***	2.561 ***
	（0.432）	（0.434）	（0.428）	（0.404）
INF	1.322	1.376	1.995	2.474 *
	（1.342）	（1.310）	（1.369）	（1.360）
TRADE	0.387 *	0.346	0.437 *	0.453 ***
	（0.149）	（0.147）	（0.163）	（0.149）
GOV	−0.303	−0.329 *	−0.413	−0.324
	（0.200）	（0.197）	（0.213）	（0.202）
EDU	−0.504 ***	−0.471 ***	−0.535 ***	−0.429 ***
	（0.113）	（0.112）	（0.116）	（0.123）
时间控制	是	是	是	是
地区控制	是	是	是	是
R^2	0.815	0.825	0.808	0.810
N	155	155	155	155

注：***、**、* 分别表示在 1%、5%、10% 的统计水平上显著，括号中的数值为稳健标准误。

从回归结果可以看到省级层面数字普惠金融指数系数显著为正，说明数字普惠金融的发展促进了各省直辖市的经济增长。具体分指数中可接触性指数、金融素养的系数显著为正，这说明数字普惠金融的这两个方面能够对经济增长产生积极作用。一方面，随着互联网和移动电话的普及，数字普惠金融产品通过线上和线下的推广提高了客户接触金融产品的机会；另一方面，随着客户金融素养水平的提高，越来越多的客户通过接触到银行、证券公司、保险公司以及互联网平台提供的各种金融产品进入金融市场，通过投资、储蓄和消费促进经济增长。使用性分指数对经济增长的影响不显著。

基于此，证明了在省级层面假设 H1（数字普惠金融对经济增长有正向影响）成立。

2. 稳健性检验

为保证研究结论的可靠，本书在基准回归模型的基础上进行了四种稳健性检验：

（1）替换核心解释变量。

通过使用数字普惠金融指数的对数重新衡量数字普惠金融发展水平。表 6-10 的结果说明在替换了核心解释变量后虽然回归系数变小了但是仍然在 10% 的水平上显著，通过了稳健性检验。

表 6-10　稳健性检验（1）

变量	Coef.	St. Err.	t-value	p-value	Sig.
lnIDFI	0.205	0.125	−1.64	0.100	*
LABOUR	2.254	0.435	5.18	0.000	***
INF	9.835	3.750	2.62	0.010	**
TRADE	0.596	0.116	5.16	0.000	***
GOV	1.366	0.227	6.01	0.000	***
EDU	−2.069	0.202	−10.25	0.000	***
R^2	0.823				
N	155				

注：***、**、*分别表示在 1%、5%、10% 的统计水平上显著。

（2）替换被解释变量。

采用各省直辖市 GDP 的对数替换 lnGDP，结果见表 6-11。从估计结果可以看出在替换被解释变量后数字普惠金融仍然在10%的显著性水平上促进经济增长。

表6-11 稳健性检验（2）

变量	Coef.	St. Err.	t-value	p-value	Sig.
IDFI	0.946	0.541	1.75	0.084	*
LABOUR	2.215	1.206	1.84	0.069	*
INF	−31.739	10.627	−2.99	0.003	***
TRADE	−0.171	0.378	−0.45	0.653	
GOV	−1.367	0.640	−2.13	0.035	**
EDU	−1.592	0.568	−2.80	0.006	***
R²	0.707				
N	155				

注：*** 、 ** 、 * 分别表示在1%、5%、10%的统计水平上显著。

（3）采用缩尾处理法剔除离群值。

本书对解释变量在1%的统计水平上进行缩尾处理，然后运用双向固定效应进行模型估计。稳健性检验的结果表明尽管回归系数变小，但是数字普惠金融对经济增长的影响仍然正向显著（见表6-12）。

表6-12 稳健性检验（3）

变量	Coef.	St. Err.	t-value	p-value	Sig.
IDFI	0.440	0.210	−2.10	0.038	**
LABOUR	2.302	0.419	5.50	0.000	***
INF	8.962	3.589	2.50	0.014	**
TRADE	0.649	0.116	5.62	0.000	***
GOV	1.392	0.214	6.49	0.000	***
EDU	−2.174	0.197	−11.05	0.000	***
R²	0.838				
N	155				

注：*** 、 ** 、 * 分别表示在1%、5%、10%的统计水平上显著。

（4）内生性问题。

由于自变量的滞后一期与当期自变量相关却与当期因变量关系不大，可以较好地解决因变量和自变量相互影响可能导致的内生性问题。因此，为了克服内生性问题，本书借鉴 Arent（2015）和张欢欢（2017）等文献通用的做法，用变量的滞后值作为工具变量。根据表 6-13 的结果可以判定数字普惠金融对经济增长的影响依然显著。

表 6-13　稳健性检验（4）

变量	Coef.	St. Err.	t-value	p-value	Sig.
IDFI	0.261	0.089	0.52	0.046	*
LABOUR	1.103	0.190	5.81	0.000	***
INF	0.692	1.832	0.38	0.706	
TRADE	0.383	0.058	6.59	0.000	***
GOV	0.694	0.107	6.49	0.000	***
EDU	-0.938	0.094	-10.00	0.000	***
R^2	0.830				
N	155				

注：***、**、*分别表示在1%、5%、10%的统计水平上显著。

以上四种稳健性检验都能够从省级层面支持假设 H1 成立，即数字普惠金融确实能够促进经济增长。

3. 异质性分析

为了编制地区国民经济长期发展规划，制定国土开发与整治规划、地区布局和地区经济增长政策服务，我国"七五"计划（1986~1990 年）提出，按经济技术发展水平和地理位置相结合的原则将全国（不含香港、澳门特别行政区和台湾省）划分为三大经济地带：东部地区包括北京市、天津市、河北省、辽宁省、上海市、江苏省、浙江省、福建省、山东省、广东省、海南省；中部地区包括黑龙江省、吉林省、山西省、安徽省、江西省、河南省、湖北省、湖南省；西部地区包括内蒙古自治区、广西壮族自治区、重庆市、四川省、贵州省、云南省、西藏自治区、陕西省、甘肃省、青海省、宁夏回族自治区、新疆维吾尔自治区。由于我国不同地区经济发展水平差距较大，本书分别对东、中、西部的分样本进行检验，以探究不同区域内数字普惠金融指数及分指数对经济增长的影响是否存在差异。

从表6-14的异质性分析结果能够看到，在我国东部和西部地区各省份的数字普惠金融水平的提高能够显著促进本地区经济增长，而中部地区的这种影响统计上不显著。

在东部地区，数字普惠金融总指数对经济增长影响的系数高于全国，这说明该地区数字普惠金融对经济增长的推动作用最大；各分指数对经济增长的影响都显著为正，且都高于全国水平，这说明在东部各省市通过增加数字普惠金融产品的接触性、扩大居民的使用、提高居民的金融素养水平，能够有效地促进当地经济增长。

然而在中部地区，无论是数字普惠金融产品的接触性还是使用性对当地经济增长都没有显著的影响，只有居民金融素养能够对经济增长起到促进作用。这说明在中部地区数字普惠金融产品的供给和推广做得不够，数字普惠金融产品的使用与普及情况不理想，使其在经济增长的原动力中还没有产生积极推动作用。因此中部地区应该积极借助本地区居民金融素养对经济增长有正向影响力这一有利优势，出台鼓励数字普惠金融发展相关政策，加大数字普惠金融产品的供给与宣传，让居民能够便捷地接触到各种数字普惠金融产品通过使用进而产生对经济增长的推动力。

在西部地区，数字普惠金融指数对经济增长的影响在1%的统计水平上显著为正，并且影响程度大于全国水平，这说明该地区数字普惠金融发展形势良好，取得了预期效果。其中数字普惠金融产品接触性和居民金融素养水平分指数的系数也高于全国，说明数字普惠金融的这两方面能够推动西部地区的经济增长，虽然使用性系数低于全国水平，但是仍然非常显著，因此它的提升也能够显著推动经济增长。

表6-14 省级层面数字普惠金融对经济增长影响的异质性分析

变量	东部地区				中部地区				西部地区			
IDFI	0.985*** (0.277)				-0.111 (2.171)				0.817*** (1.319)			
ACCE		1.164*** (0.261)				0.895 (1.430)				1.646*** (0.521)		
USAGE			0.782*** (0.259)				-1.943 (1.978)				0.014** (1.263)	
LIT				2.352*** (0.330)				0.549*** (1.396)				3.771** (1.722)
LABOUR	0.0144 (1.523)	0.130 (1.366)	0.129 (1.615)	-0.846 (1.041)	0.597 (1.617)	0.925 (1.380)	-0.370 (1.637)	0.939 (1.518)	0.617 (1.188)	-0.868 (0.572)	1.334 (1.430)	0.240 (1.254)
INF	-20.62 (15.70)	-16.51 (14.14)	-21.37 (16.69)	-39.64*** (11.02)	7.605 (10.95)	5.637 (10.86)	7.539 (10.18)	8.203 (10.74)	-1.030 (10.88)	-3.154 (4.976)	9.997 (13.14)	1.640 (11.26)
TRADE	-0.0751 (0.426)	-0.0986 (0.384)	-0.0927 (0.452)	-0.0739 (0.287)	0.179 (0.357)	0.0891 (0.326)	0.350 (0.344)	0.105 (0.345)	-0.235 (0.306)	-0.0943 (0.142)	-0.149 (0.375)	-0.228 (0.307)
GOV	2.100* (1.166)	2.104* (1.049)	2.024 (1.238)	0.749 (0.776)	-0.527 (0.769)	-0.373 (0.755)	-0.687 (0.723)	-0.534 (0.730)	0.982* (0.519)	0.317 (0.240)	0.661 (0.639)	0.956* (0.520)
EDU	-1.578 (1.154)	-1.617 (1.041)	-1.523 (1.225)	-0.00573 (0.782)	0.212 (0.599)	0.119 (0.576)	0.379 (0.574)	0.180 (0.570)	-1.005** (0.477)	-0.135 (0.231)	-0.966 (0.590)	-0.951** (0.481)
时间控制	是	是	是	是	是	是	是	是	是	是	是	是
地区控制	是	是	是	是	是	是	是	是	是	是	是	是
R^2	0.590	0.665	0.538	0.814	0.413	0.435	0.464	0.421	0.814	0.863	0.819	0.829
N	55				40				60			

注：***、**、*分别表示在1%、5%、10%的统计水平上显著，括号中的数值为稳健标准误。

三、小结

本章在第五章理论分析的基础上分别运用跨国截面数据和省级面板数据对第四章提出的模型进行实证分析，并通过稳健性检验对假设 H1 进行了验证。首先，分别从跨国层面和我国省级层面证明数字普惠金融对经济增长有正向影响，假设H1 成立。在跨国层面，一国数字普惠金融产品的普及推广、使用以及居民的金融素及能力都可以有效地推动本国经济增长。在我国省级层面，数字金融产品的可接触性与金融素养能够显著促进经济增长，使用性对经济增长的影响不显著。

其次，本书发现数字普惠金融对经济增长的影响存在异质性。跨国层面，在高收入国家数字普惠金融对经济增长的促进作用非常显著，无论可接触性、使用性还是居民的金融素养及能力都能够促进国家经济增长；中高收入国家数字普惠金融对经济增长的促进作用显著性稍有下降，其中可接触性和使用性对经济增长有显著影响，金融素养影响不显著；而在中低收入国家和低收入国家无论是数字普惠金融总指数还是分指数对经济增长都没有显著影响。这说明数字普惠金融在高收入国家和中高收入国家的经济发展中已经起到了一定的作用，中低收入国家和低收入国家应该重视数字普惠金融对经济增长的积极作用，抓住数字技术快速发展的机会突破地理障碍推动数字金融的普及以促进本国经济增长。

基于省级层面的异质性分析发现在我国不同地区数字普惠金融对经济增长的影响效果不同。东部地区和西部地区的数字普惠金融对经济增长影响非常显著，中部地区不显著。而且东部和西部地区的数字普惠金融产品的可接触性、使用性以及居民的金融素养都能够对经济增长产生推动作用，但是在中部地区数字可接触性和使用性对经济增长影响不显著。因此各地方政府在发展数字普惠金融的过程中应该结合本地区的特点以及分指数对经济增长的影响效果，有针对性地完善数字普惠金融体系进而推动经济增长。

第七章 空间维度视角下数字普惠金融对经济增长影响的实证分析

在 Ertur 和 Koch（2007）及 Elhorst 等（2010）有关国家之间或地区之间经济增长的文献中都指出经济增长的变动不但取决于该经济体内部的收入水平、储蓄率、人口增长率，而且取决于周边邻近经济体的相关指标。尽管第五章的实证结果与期望一致，但是 Anselin 和 Florax（1995）指出如果影响经济增长的变量之间存在空间相关性，那么用传统计量分析模型的估计就会存在误差。因为用截面回归研究时通常假定截面单元之间是同质的，而在一定的空间结构下各观测值是空间相关的，区位特征变量的变化经常会对邻近区域或区位的结果变量产生影响，由于这种数据在空间关系上表现出的自相关性和变异性，使自变量对因变量的影响在不同区域之间可能存在差异。在此情况下假定跨区域的经济行为在空间上具有异质性可能更加符合现实。因此，本章将运用空间计量模型更进一步分析一个地区数字普惠金融对本地区及相邻地区经济增长的影响。

一、跨国层面空间计量模型的估计

按照空间计量分析的常规，在判断是否使用空间计量方法时，要检测数据是否存在空间依赖性。如果不存在，则用传统的计量分析方法即可；如果存在，则可进一步使用空间计量方法。因此本章首先判断观测值的空间相关性，然后将从空间计量的角度分析数字普惠金融对经济增长的影响。

1. 跨国层面经济增长的空间相关性检验

在第四章的研究中已经发现各国数字普惠金融指数的分布具有空间聚集的特性，即高数字普惠金融水平的国家聚集在一起，低数字普惠金融水平的国家也聚集在一起。那么各国经济增长是否也有明显的空间相关性呢？在第四章计算的 105 个国家/地区中剔除彼此不相邻的国家后共有 86 个样本国家，本书将对这 86 个国家的人均 GDP 进行空间相关性分析。除在第三章中采用的 Moran's I 指数外，还将使用 Geary's 指数和 Getis-Ord 指数来判断空间自相关的指标。

（1）吉尔里相邻比率（Geary's Contiguity Ratio）。

与 Moran's I 指数不同，Geary's 指数 C 的核心成分为 $(x_i - x_j)^2$。吉尔里相邻比率的取值一般介于 0~2，Geary's C>1 表示负相关，Geary's C=1 表示不相关，Geary's C<1 表示正相关。因此 Geary's C 与 Moran's I 呈反向变动，通常认为，Geary's C 比 Moran's I 对于局部空间自相关判断得更加准确。

$$C = \frac{(n-1) \sum_{i=1}^{n} \sum_{j=1}^{n} w_{ij}(x_i - x_j)^2}{2(\sum_{i=1}^{n} \sum_{j=1}^{n} w_{ij})[\sum_{i=1}^{n}(x_i - \overline{x})^2]} \tag{7-1}$$

（2）Getis-Ord 指数 G。

Moran's I 指数与 Geary's C 指数的共同缺点在于无法区分热点与冷点区域。热点区域，即高值与高值聚集的区域；而冷点区域则是低值与低值聚集的区域。如果样本中高值聚集在一起，则 G 较大；如果低值聚集在一起，则 G 较小。如果 G 值大于期望值，则表示存在热点区域，小于期望值则表示存在冷点区域。其中，w_{ij} 是非标准化的对称空间权重矩阵，且所有元素均为 0 或 1。

$$G = \frac{\sum\limits_{i=1}^{n} \sum\limits_{j=1}^{n} W_{ij} X_i X_j}{\sum\limits_{i=1}^{n} \sum\limits_{j \neq i}^{n} X_i X_j} \qquad (7-2)$$

针对各国人均 GDP 的空间自相关检验结果见表 7-1。

表 7-1   各国人均 GDP 的空间自相关指标

统计量	I/C/G	E（I/C/G）	Sd（I/C/G）	z	p-value
Moran's I	0.432	−0.012	0.079	5.623	0.000
Geary's C	0.329	1.000	0.171	−3.931	0.000
Getis-Ord's G	0.051	0.039	0.005	2.284	0.002

表 7-1 中度量空间自相关的 Moran's I 指数大于 0、Geary's C 指数小于 1 表明人均 GDP 增长率存在正自相关。Getis-Ord's G 指数大于期望值表示存在热点区域，即高值与高值聚集的区域。进一步可通过散点图对人均 GDP 局部空间相关性进行分析。

从图 7-1 可以看到观测值中的大部分国家集中在第一象限和第三象限，这表

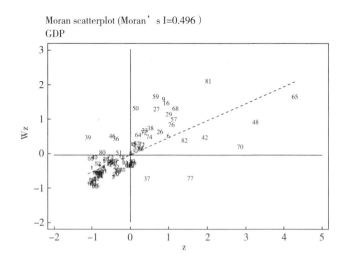

图 7-1   人均 GDP 局部 Moran' I 散点图

明高经济增长的国家被高经济增长的国家所包围（High–High，高高空间聚集），低经济增长的国家被低经济增长的国家包围（Low–Low，低低空间聚集），这一结果再次验证各国经济增长存在显著的空间依赖性。

2. 基准空间计量模型估计

由于人均 GDP 增长率具有较强的空间性，即一国经济增长可能受到周边国家经济增长的影响，而各种空间自相关指标仅提供是否存在空间效应的初步检验，深入检验数字普惠金融发展的空间集聚是否能够增强经济增长的空间依赖性有赖于用跨国数据对空间计量模型进行验证。

在第五章中模型 5-15 是一般空间面板模型，本书将从具体的空间自回归模型、空间误差模型（SEM）和空间杜宾模型（SDM）中选择适合分析数字普惠金融对经济增长的截面空间模型，这三种空间计量模型的具体形式如下：

$$\text{SAR：} \ln GDP = \rho W \ln GDP + \beta IDFI + \sum_{i=1}^{5} \alpha_i CON_i + \varepsilon \tag{7-3}$$

$$\text{SEM：} \ln GDP = \beta IDFI + \sum_{i=1}^{5} \alpha_i CON_i + \lambda W \varepsilon + u \tag{7-4}$$

$$\text{SDM：} \ln GDP = \rho W \ln GDP + \beta_1 IDFI + \sum_{i=1}^{5} \alpha_i CON_i + \beta_2 WIDFI + \varepsilon \tag{7-5}$$

其中，ρ 为空间自回归系数，W 为空间权重矩阵，WIDFI 为空间滞后项，$W\varepsilon$ 为空间误差项，α、β 为估计参数，ε、u 为随机误差项，CON 为控制变量。

（1）空间计量模型选择。

在对空间自回归模型（SAR）和空间误差模型（SEM）进行选择时，可以通过 Moran's I 检验、两个拉格朗日乘数（Lagrange Multiplier）形式 LMERR、LM-LAG 及其稳健（Robust）的 R-LMERR、R-LMLAG 等形式来实现。

Anselin 和 Florax（1995）提出了 LM 检验准则：如果在空间依赖性检验的结果是 LMLAG 比 LMERR 在统计上更加显著，且 R-LMLAG 显著而 R-LMERR 不显著，则可以判定空间自回归模型较为合适；相反地，则可以判定空间误差模型更加理想。表 7-2 的检验结果显示，针对空间滞后（Spatial Lag）的两个检验均拒绝了此原假设；这些结果再次表明存在空间依赖性应进行空间计量分析，而且由于 LMLAG 和 R-LMLAG 比 LMERR 和 R-LMERR 更加显著，因此根据表7-2的结果显示选用空间自回归模型进行分析更合适。

表7-2　空间依赖性检验（LM 检验）结果

检验（Test）	Statistic	df.	p-value
Spatial error:			
Moran's I	0.814	1	0.415
Lagrange multiplier（LMERR）	0.248	1	0.019
Robust Lagrange multiplier（R-LMERR）	0.007	1	0.332
Spatial lag:			
Lagrange multiplier（LMLAG）	1.050	1	0.000
Robust Lagrange multiplier（R-LMLAG）	0.810	1	0.008

然而，相对于 SAR 和 SEM，空间杜宾模型具有其特有的优势：一方面，空间杜宾模型的约束条件相对较少，因而具有较高的适用性；另一方面，空间杜宾模型不仅反映因变量的空间相关性、残差项的空间相关性，同时还反映自变量对因变量影响的空间交互作用，从而可以得到更加全面的分析结果。所以在表7-3中把非空间计量模型的估计结果与三个空间计量模型的估计结果放在一起进行对比选择。

表7-3　跨国层面非空间计量模型及空间计量模型估计结果比较

变量	OLS	SAR	SEM	SDM
IDFI	4.614*** (0.646)	4.586*** (0.591)	4.609*** (0.595)	4.968*** (0.707)
LABOUR	0.003 (0.103)	0.004 (0.010)	0.004 (0.010)	0.010 (0.081)
INF	-0.012 (0.008)	-0.012*** (0.003)	-0.012*** (0.003)	-0.008** (0.007)
TRADE	-0.006* (0.004)	-0.007*** (0.013)	-0.007*** (0.001)	-0.007*** (0.004)

续表

变量	OLS	SAR	SEM	SDM
GOV	−0.010 (0.028)	−0.014 (0.026)	−0.014 (0.026)	−0.041 (0.405)
EDU	−0.157* (0.093)	−0.139 (0.093)	−0.138 (0.093)	−0.079 (0.881)
W·IDFI	—	—	—	3.973*** (0.752)
W·LABOUR	—	—	—	0.057** (0.094)
W·INF	—	—	—	−0.008 (0.004)
W·TRADE	—	—	—	−0.007** (0.003)
W·GOV	—	—	—	0.096** (0.152)
W·EDU	—	—	—	−0.261 (0.292)
R^2	0.563	0.571	0.563	0.659
Rho（ρ）	—	0.007*	—	−0.236**
Lambda（λ）	—	—	0.082*	—
Log-likelihood	−118.862	−116.032	−116.072	−109.456
N	86			

注：***、**、*分别表示在1%、5%、10%的统计水平上显著，括号中的数值为稳健标准误。

由表7-3可以看到空间自回归模型的空间自回归系数ρ和空间误差模型的误差项的空间自回归系数λ在10%的统计水平上显著，而空间杜宾模型的空间自回归系数ρ在5%的统计水平上显著，而且SDM模型的R^2最大，说明SDM比SAR、SEM更适合用来分析数字普惠金融对经济增长的影响。

由于在空间杜宾模型中IDFI的系数在1%的统计水平上显著为正，说明一国的经济增长受本国数字普惠金融发展水平及其他系数显著的控制变量的影响，W·IDFI的系数也显著为正，说明相邻国家数字普惠金融发展水平的提高对本国的经济增长也有促进作用。

（2）空间杜宾模型空间效应分解。

在传统计量模型中，参数的估计值反映自变量的边际效应，而空间杜宾模型因为存在空间滞后项，所以点估计值不能表示自变量的边际效应。有必要对空间效应进行分解以了解本区域变量分别对本区域及相邻区域被解释变量的影响情况。LeSage 和 Pace（2009）指出如果模型中包含因变量的空间滞后项，则自变量的系数并不是对因变量真实的效应，真实的效应分为直接效应和间接效应。直接效应主要反映本地区自变量对本地区因变量的影响，间接效应则反映本地区自变量对相邻周边地区的影响，即空间溢出效应。总效应表示所有区域的变量都变化一个单位，对区域 i 的被解释变量 y_i 的影响。因此本书对表7-3 中的 SDM 模型进一步分解估算，得到直接效应、间接效应和总效应。

从表7-4 的直接效应可以看出，一国的数字普惠金融水平在1%的统计水平上对本国经济增长有显著正向影响，对外贸易在1%的统计水平上、通货膨胀和政府规模在10%的统计水平上对本国经济增长有显著负影响。

表7-4　空间效应分解结果

变量	直接效应		间接效应		总效应	
	回归系数	t	回归系数	t	回归系数	t
IDFI	4.814***	4.251	2.377*	1.741	7.191***	7.268
LABOUR	0.011	0.935	0.009	−0.631	0.002	0.163
INF	−0.008*	−1.952	−0.004	0.943	−0.012	−2.651
TRADE	−0.007***	−4.189	−0.001	−0.795	−0.008***	−4.661
GOV	−0.051*	−1.684	0.097**	2.309	0.047	1.305
EDU	−0.053	−0.539	−0.226	−1.234	−0.279	−1.476

注：***、**、*分别表示在1%、5%、10%的统计水平上显著。

从间接效应看，IDFI 在10%的统计水平上显著为正，这说明一国数字普惠金融对周边国家的经济增长会产生正向的空间溢出效应。由此可以在跨国层面证明假设 H2 成立，即数字普惠金融对经济增长的影响存在空间溢出效应。

3. 稳健性检验

为了确保基本回归结果的可靠性，接下来将使用三个方法对空间杜宾模型进行稳健性检验：

（1）更换被解释变量。

用各国 GDP 的对数替换人均 GDP 衡量经济增长，具体结果如表 7-5 所示。从表中可以看到在替换了被解释变量以后数字普惠金融指数 IDFI 的系数依然在 1% 的统计水平上显著为正，而且 W·IDFI 的系数也显著，这说明一国经济增长既受到本国数字普惠金融发展的影响，也受到周边地区的影响。IDFI 的间接效应在 5% 的统计水平上显著为正，说明一国数字普惠金融的发展会对周边国家产生正向影响，即具有空间溢出效应。

表 7-5　稳健性检验（1）

变量	系数	标准误	t 统计量	p 值	Sig.
IDFI	4.055	0.589	1.746	0.000	***
LABOUR	−0.029	0.086	−0.956	0.074	*
INF	0.006	0.024	1.023	0.306	
TRADE	−0.009	0.007	−4.256	0.000	***
GOV	−0.087	0.015	−2.015	0.043	**
EDU	0.061	0.014	0.441	0.658	
W·IDFI	1.149	0.286	0.499	0.000	***
W·LABOUR	0.061	0.015	2.683	0.007	**
W·INF	−0.012	0.017	−1.536	0.124	
W·TRADE	−0.002	0.001	−0.667	0.504	
W·GOV	0.113	0.318	1.720	0.085	*
W·EDU	−0.307	0.390	−0.987	0.323	
rho	−0.236	0.138	−1.940	0.052	*
LR_Direct（直接效应）					
IDFI	2.598	1.143	5.935	0.000	***
LABOUR	−0.013	0.077	−0.840	0.402	

变量	系数	标准误	t 统计量	p 值	Sig.
INF	−0.004	0.015	−0.071	0.943	
TRADE	−0.006	0.012	−3.194	0.001	***
GOV	−0.037	0.144	−0.880	0.381	
EDU	0.041	0.037	0.268	0.789	
LR_Indirect（间接效应）					
IDFI	1.745	1.143	1.985	0.050	**
LABOUR	0.002	0.007	0.408	0.683	
INF	0.002	0.005	0.754	0.452	
TRADE	0.001	0.013	1.806	0.074	*
GOV	0.007	0.002	0.754	0.452	
EDU	−0.009	0.003	−0.275	0.783	
LR_Total（总效应）					
IDFI	4.343	1.108	3.864	0.000	***
LABOUR	−0.011	0.042	−0.388	0.698	
INF	−0.002	0.013	−0.830	0.408	
TRADE	−0.005	0.010	−3.033	0.003	***
GOV	−0.030	0.016	−0.872	0.385	
EDU	0.032	0.020	0.258	0.796	
R^2	0.6680				
N	86				

注：***、**、*分别表示在1%、5%、10%的统计水平上显著。

（2）采用缩尾处理法剔除离群值。

具体做法是将变量的样本数据落在（5%，95%）分位数之外的样本点，分别替换为5%和95%分位数上的样本数据，再以缩尾后的样本重新估计模型。从表7-6的检验结果可以看到缩尾处理后数字普惠金融对经济增长的影响仍然存在空间溢出。

表7-6　稳健性检验（2）

变量	系数	标准误	t 统计量	p 值	Sig.
IDFI	4.462	0.366	8.547	0.000	***

续表

变量	系数	标准误	t 统计量	p 值	Sig.
LABOUR	−0.005	0.004	−0.684	0.493	
INF	−0.025	0.021	−1.220	0.222	**
TRADE	−0.001	0.004	−0.744	0.056	*
GOV	−0.022	0.075	−1.074	0.282	
EDU	−0.063	0.091	−0.990	0.321	
W·IDFI	0.870	0.567	0.795	0.026	**
W·LABOUR	−0.002	0.010	−0.288	0.772	
W·INF	−0.114	0.121	−3.620	0.000	***
W·TRADE	−0.001	0.003	−0.328	0.742	
W·GOV	0.053	0.319	1.683	0.092	*
W·EDU	−0.085	0.074	−0.616	0.537	
rho	−0.236	0.163	−1.972	0.048	**
LR_Direct（直接效应）					
IDFI	4.505	2.409	6.002	0.000	***
LABOUR	−0.004	0.029	−0.572	0.568	
INF	−0.015	0.074	−0.737	0.462	
TRADE	−0.001	0.006	−0.664	0.507	
GOV	−0.026	0.027	−1.241	0.217	
EDU	−0.058	0.080	−0.848	0.398	
LR_Indirect（间接效应）					
IDFI	−0.166	0.621	0.180	0.085	*
LABOUR	−0.001	0.002	−0.172	0.011	**
INF	−0.097	0.017	−3.325	0.001	***
TRADE	−0.001	0.005	−0.203	0.839	
GOV	0.052	0.030	1.743	0.084	*
EDU	−0.067	0.028	−0.533	0.594	
LR_Total（总效应）					
IDFI	4.339	2.445	6.087	0.000	***
LABOUR	−0.006	0.015	−0.762	0.447	
INF	−0.112	0.181	−4.049	0.000	***
TRADE	−0.002	0.006	−0.949	0.345	
GOV	0.026	0.039	0.999	0.320	

变量	系数	标准误	t 统计量	p 值	Sig.
EDU	-0.126	0.149	-1.038	0.301	
R²	0.7166				
N	86				

注：＊＊＊、＊＊、＊分别表示在1%、5%、10%的统计水平上显著。

（3）更换空间权重矩阵。

在第五章空间计量基准模型5-15中，本书选择空间地理邻近关系（Queen邻接）作为空间权重矩阵，借鉴杨恺钧和褚天威（2016）的思路，本节的稳健性检验将使用"地理距离权重矩阵"替换"空间邻接权重矩阵"。该矩阵含义如下（d_{ij}为根据两国首都所处的经纬度计算的空间距离）：

$$W_{ij} = \begin{cases} 0 & i=j \\ 1/d_{ij} & i \neq j \end{cases}$$

从表7-7可以看到在更换了空间权重矩阵之后本国数字普惠金融对本国经济增长有显著的正向影响，而且经济增长还受到周边国家的影响，空间溢出效应依然显著。

表 7-7　稳健性检验（3）

变量	系数	标准误	t 统计量	p 值	Sig.
IDFI	4.288	0.472	1.261	0.000	＊＊＊
LABOUR	0.009	0.002	0.234	0.814	
INF	0.078	0.021	3.559	0.000	＊＊＊
TRADE	0.758	0.059	2.080	0.037	＊＊
GOV	-2.170	0.518	-2.177	0.029	＊＊
EDU	0.251	0.106	1.914	0.155	
W・IDFI	1.821	1.238	0.796	0.000	＊＊＊
W・LABOUR	0.048	0.063	0.839	0.401	
W・INF	-0.031	0.039	-0.744	0.456	
W・TRADE	0.237	0.090	0.451	0.651	

变量	系数	标准误	t 统计量	p 值	Sig.
W·GOV	0.387	0.539	1.142	0.253	
W·EDU	−0.332	0.948	−2.053	0.039	**
rho	−0.236	0.124	−1.949	0.051	*
LR_Direct（直接效应）					
IDFI	6.919	3.115	5.40	0.000	***
LABOUR	0.088	0.035	4.122	0.000	***
INF	0.379	0.600	1.028	0.306	
TRADE	−2.591	1.152	−2.596	0.011	**
GOV	−0.631	1.342	−2.395	0.018	**
EDU	1.875	0.051	0.808	0.421	
LR_Indirect（间接效应）					
IDFI	1.782	1.133	2.220	0.029	**
LABOUR	−0.041	0.129	−1.197	0.234	
INF	−0.186	0.305	−0.392	0.695	
TRADE	−1.641	0.473	−1.082	0.282	
GOV	0.515	0.302	1.594	0.100	*
EDU	−3.913	0.848	−1.379	0.171	
LR_Total（总效应）					
IDFI	8.701	4.827	8.011	0.000	***
LABOUR	0.046	0.039	1.464	0.146	
INF	0.193	0.069	0.500	0.618	
TRADE	−4.233	2.732	−2.813	0.006	***
GOV	−0.115	0.209	−0.497	0.619	
EDU	−2.037	1.038	−1.181	0.240	
R^2	0.7386				
N	86				

注：***、**、*分别表示在1%、5%、10%的统计水平上显著。

以上三个稳健性检验的估计结果与前文回归结果相比，参数估计和显著性没有发生太大变化，尤其是 IDFI 的间接效应始终显著，这表明本书提出的假设 H2 在跨国层面是稳健可信的。

4. 分维度指数对经济增长影响的空间计量分析

接下来，继续运用空间杜宾模型分析数字普惠金融指数的三个分指数对各国经济增长的影响，解析数字普惠金融具体是通过哪几个方面对周边国家的经济增长产生影响的。

从表7-8可以看出，一国的金融可接触性、使用性和居民的金融素养能够推动本国经济增长，与此同时，周边国家的金融可接触性和居民金融素养水平也会影响到该国的经济增长。

表7-8　分维度指数对经济增长影响的 SDM 模型估计结果

变量	（1）	（2）	（3）
ACCE	4.517***		
	(0.539)		
USAGE		2.948***	
		(0.554)	
LIT			3.603***
			(0.509)
LABOUR	0.017*	0.002	0.007
	(0.009)	(0.011)	(0.010)
INF	-0.010***	-0.013***	-0.014***
	(0.003)	(0.004)	(0.003)
TRADE	-0.007***	-0.006***	-0.007***
	(0.001)	(0.001)	(0.001)
GOV	0.009	-0.002	-0.012
	(0.024)	(0.029)	(0.027)
EDU	-0.152*	-0.158	-0.015
	(0.090)	(0.108)	(0.094)
W·ACCE	1.780*		
	(0.795)		
W·USAGE		1.149	
		(0.499)	

续表

变量	（1）	（2）	（3）
W·LIT			1.754 ** （1.628）
W·LABOUR	−0.003 （0.088）	0.061 ** （0.083）	0.003 （0.002）
W·INF	−0.114 *** （0.620）	−0.013 （0.536）	−0.001 （0.001）
W·TRADE	0.001 （0.028）	−0.002 （0.007）	−0.006 * （0.005）
W·GOV	0.054 * （1.683）	0.114 * （0.072）	−0.368 * （0.092）
W·EDU	0.086 （0.616）	−0.308 （0.987）	−0.756 *** （0.585）
R^2	0.598	0.451	0.539
N	86		

注：***、**、*分别表示在1%、5%、10%的统计水平上显著，括号中的数值为稳健标准误。

二、省级层面空间面板计量模型的估计

我国金融资源在空间上分布极其不均，特征表现为非均质性及不连续性，这种情况在我国财政分权的背景下尤为明显，经济改革在空间上的非均衡性不仅导致省级间经济增长水平以及经济结构存在巨大差距，而且各地区间传统金融机构发展规模与速度也相去甚远，数字技术发展受不同区域创新能力与开放长度的影响也出现了严重的分化，这就导致数字普惠金融与经济增长速度规模的关系在地区层面上可能会表现出非一致性。然而，由于各省份在地理位置上是接壤的，我国地方政府对资本、劳动力等生产要素自由流动的约束逐渐取消，这使各地区间的市场联系日益密切，不同地区的互动依赖关系逐步加强，各个地区的数字普惠金融发展以及经济增长在地理空间上可能存在空间依赖性（空间自相关）和溢出效应，所以从省级层面考察每个地区数字普惠金融对经济增长的影响时需考虑各省在空间上的关联。

1. 省级层面经济增长的空间相关性检验

（1）全局空间自相关性分析。

为了检测单独的地理空间因素对省级经济增长差异的作用，根据2013~2017年31个省份的人均GDP数据可以发现经济增长有明显的聚集效应，即高经济增长水平的省份与高经济增长水平的省份聚集，低经济增长水平的省份与低经济增长水平的省份聚集，各省份的经济增长是否存在空间自相关呢？

表7-9中Moran's I都大于0，Geary's C都小于1并且在1%的统计水平上显著，说明2013~2017年的各省直辖市人均GDP存在空间正相关性。

表7-9　GDP全局Moran's I指数

年份	指数	I/C	E（I/C）	sd（I/C）	z	p-value
2013	Moran's I	0.282	−0.033	0.107	2.947	0.003
	Geary's C	0.457	1.000	0.157	−3.469	0.001
2014	Moran's I	0.268	−0.033	0.107	2.809	0.005
	Geary's C	0.470	1.000	0.155	−3.415	0.001
2015	Moran's I	0.265	−0.033	0.107	2.782	0.005
	Geary's C	0.466	1.000	0.155	−3.449	0.001
2016	Moran's I	0.269	−0.033	0.107	2.839	0.005
	Geary's C	0.437	1.000	0.159	−3.529	0.000
2017	Moran's I	0.294	−0.033	0.106	3.077	0.002
	Geary's C	0.401	1.000	0.161	−3.715	0.000

（2）局部空间自相关分析。

图7-2展示了2013~2017年我国各省直辖市人均GDP的局部Moran's I散点

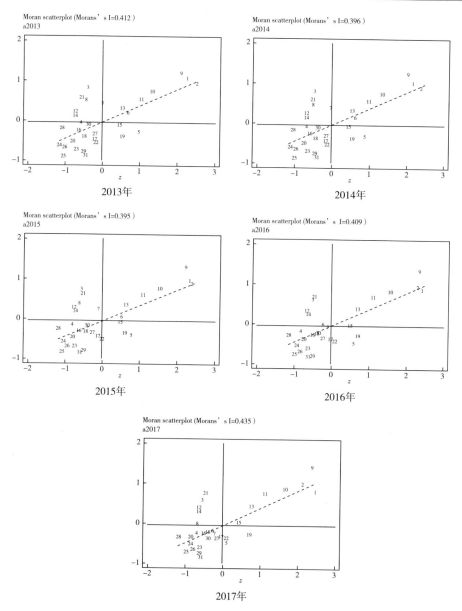

图 7-2　2013~2017 年局部 Moran's I 散点图

图。从这组图中可以发现，我国各省经济增长之间存在着某种类型的空间"俱乐部"现象，即省级人均 GDP 在空间上存在着一定的集聚现象，省级人均 GDP 的差异较为明显。散点图中人均 GDP 被分为四个不同的象限：第一象限 HH，表示人均 GDP 高的省份被同样是人均 GDP 高的省份包围，即空间关联模式为空间正相关性；第二象限 LH，表示人均 GDP 低的省份被人均 GDP 高的省份包围，即空间关联模式为空间负相关性；第三象限 LL，表示人均 GDP 低的省份被同样是人均 GDP 低的省份包围，即空间关联模式为空间正相关性；第四象限 HL，表示人均 GDP 高的省份被人均 GDP 低的省份包围，即空间关联模式为空间负相关性。

鉴于省级数字普惠金融指数和人均 GDP 都具有空间自相关性，且具有显著聚集性。因此有必要将地理空间因素纳入数字普惠金融对经济增长影响的研究中。本节将运用我国省级面板数据对第四章所提出的空间计量模型进行验证，实证分析我国省级数字普惠金融对经济增长的空间溢出效应。

2. 基准空间计量模型估计

（1）空间计量模型选择。

一个地区的经济增长不但会受到本地区数字普惠金融的影响，会受到来自周边相邻地区数字普惠金融发展的影响。前文的研究表明我国各省份经济增长具有较强的空间相关性，接下来的研究将在省级数字普惠金融对经济增长的影响中加入空间因素，结合第五章模型 5-15 的一般空间面板模型，在空间自回归模型、空间误差模型和空间杜宾模型中选择适合分析数字普惠金融对经济增长的空间面板模型。具体回归结果在表 7-10 中显示。

表 7-10   非空间计量模型及空间计量模型估计结果比较

变量	双向固定	SAR	SEM	SDM
IDFI	0.706 ***	0.008 ***	0.779 **	0.629 ***
	（0.188）	（0.395）	（0.373）	（0.244）
LABOUR	1.901 ***	0.010	0.692	0.839
	（0.432）	（0.745）	（0.968）	（0.830）
INF	1.322	−1.106	0.957	1.010
	（1.342）	（0.802）	（1.390）	（0.838）

续表

变量	双向固定	SAR	SEM	SDM
TRADE	0.387* (0.149)	−0.127 (0.318)	0.261 (0.248)	0.067 (0.194)
GOV	−0.303 (0.200)	−0.435 (0.418)	−0.355 (0.470)	−0.427 (0.336)
EDU	−0.504*** (0.113)	−0.381** (0.174)	−0.419** (0.176)	−0.413*** (0.163)
W·IDFI	—	—	—	0.240* (0.286)
W·LABOUR	—	—	—	−1.670* (1.002)
W·INF	—	—	—	−3.362*** (1.261)
W·TRADE	—	—	—	−1.069*** (0.267)
W·GOV	—	—	—	0.468 (0.579)
W·EDU	—	—	—	−0.158 (0.142)
ρ（rho）	—	0.449***	—	0.279***
Lambda	—	—	0.782***	—
R^2	0.815	0.774	0.696	0.813
Log-likelihood	—	158.2729	153.8224	176.0044
N	155			

注：***、**、*分别表示在1%、5%、10%的统计水平上显著，括号中的数值为稳健标准误。

　　由于 SAR 模型、SEM 模型和 SDM 模型的豪斯曼检验统计量均为正，而且省级、地级层面的空间计量分析中，由于空间单位全部纳入，不存在随机抽样过程，因此采用固定效应模型较为合适。三个模型中 SDM 固定效应模型的拟合优度为 0.813，是三个空间模型中最高的，其对数似然函数 Log-likelihood 值也高于其他模型，这都表明选用空间杜宾模型的估计结果分析数字普惠金融对经济增长的影响最为合理。

　　在 SDM 固定效应模型估计结果中空间自回归系数 ρ（rho）为 0.279，在 1%

的统计水平上显著为正。这表明我国省级之间的经济增长具有显著的空间正依赖性，邻近省份的经济增长每增加1%就可带动本省经济增长0.279%。数字普惠金融指数 IDFI 的回归系数为0.629，在1%的统计水平上显著，说明一省数字普惠金融对本省的经济增长具有较为显著的推动作用，空间滞后项 W·IDFI 在10%的统计水平上显著，表明周边省份的数字普惠金融发展水平也会对该省的经济增长产生影响。

（2）空间杜宾模型空间效应分解。

由于 SDM 模型的回归系数并不能直接反映自变量对因变量的真实效应，因此需要通过空间效应分解计算出直接效应、间接效应（空间溢出效应）和总效应。空间效应分解结果如表7-11所示。

表7-11　空间效应分解结果

变量	直接效应		间接效应		总效应	
	回归系数	z	回归系数	z	回归系数	z
IDFI	0.599***	3.360	1.330***	2.440	1.928***	3.130
LABOUR	0.810	0.660	-2.288*	-1.160	-1.478	-0.520
INF	0.025	-1.120	-0.043	-1.770	-0.019	-1.840
TRADE	0.121	0.430	-0.138	-1.230	-0.017	-0.800
GOV	-0.075	0.080	-0.813	-0.890	-0.888	-0.760
EDU	-0.490***	-2.490	0.016	0.130	-0.474*	-1.300

注：***、**、*分别表示在1%、5%、10%的统计水平上显著。

IDFI 直接效应显著说明自变量 IDFI 对本省经济增长有显著正向影响，间接效应显著表明一个省的自变量 IDFI 对周边相邻省份的经济增长有显著正向影响，即数字普惠金融对经济增长的影响存在空间溢出现象。由此在我国省级层面验证了假设 H2 成立，即数字普惠金融对经济增长的影响存在空间溢出效应。

3. 稳健性检验

为保证研究结论的可靠，沿用第六章的思路进行如下稳健性检验：

（1）更换被解释变量。

稳健性检验结果如表7-12所示，采用各省直辖市GDP的对数作为经济增长的代理变量，使用SDM模型估计结果表明数字普惠金融对本省经济增长有显著促进作用，同时也受到周边省份的影响。空间效应分解的结果IDFI的间接效应在5%的统计水平上正显著，说明一省的数字普惠金融会对相邻周边省份的经济增长产生推动作用。

表 7-12　稳健性检验（1）

变量	系数	标准误	t 统计量	p 值	Sig.
IDFI	0.432	0.152	2.830	0.005	***
LABOUR	0.948	0.999	0.950	0.343	
INF	−1.025	1.045	−0.980	0.326	
TRADE	0.123	0.187	0.660	0.510	
GOV	0.105	0.246	0.420	0.671	
EDU	−0.511	0.197	−2.590	0.010	***
W·IDFI	0.329	0.232	1.420	0.156	
W·LABOUR	−1.655	0.609	−2.720	0.007	***
W·INF	−0.776	0.759	−1.020	0.306	
W·TRADE	−0.316	0.198	−1.600	0.110	
W·GOV	−0.530	0.519	−1.020	0.307	
W·EDU	0.317	0.121	2.610	0.009	***
rho	0.558	0.057	9.760	0.000	***
LR_Direct（直接效应）					
IDFI	0.542	0.161	3.360	0.001	***
LABOUR	0.724	1.091	0.660	0.507	
INF	−1.155	1.034	−1.120	0.264	
TRADE	0.085	0.195	0.440	0.664	
GOV	0.022	0.261	0.080	0.934	
EDU	−0.497	0.200	−2.490	0.013	**
LR_Indirect（间接效应）					
IDFI	1.209	0.497	2.430	0.015	**
LABOUR	−2.222	1.929	−1.150	0.249	

续表

变量	系数	标准误	t 统计量	p 值	Sig.
INF	-2.822	1.628	-1.730	0.083	
TRADE	-0.504	0.413	-1.220	0.222	
GOV	-0.904	1.034	-0.870	0.382	
EDU	0.028	0.226	0.120	0.902	
LR_Total（总效应）					
IDFI	1.751	0.562	3.120	0.002	***
LABOUR	-1.498	2.887	-0.520	0.604	
INF	-3.977	2.188	-1.820	0.069	*
TRADE	-0.419	0.531	-0.790	0.431	
GOV	-0.882	1.174	-0.750	0.452	
EDU	-0.469	0.361	-1.300	0.194	
R^2	0.7823				
N	155				

注：***、**、*分别表示在1%、5%、10%的统计水平上显著。

（2）采用缩尾处理法剔除离群值。

本书对解释变量在5%的统计水平上进行缩尾处理，即将变量的样本数据落在（5%，95%）分位数之外的样本点，分别替换为5%和95%分位数上的样本数据，然后运用 SDM 固定效应进行模型估计，估计结果如表7-13所示。从表中可以看到 IDFI 和 W·IDFI 依然显著。IDFI 的间接效应也显著，这说明数字普惠金融对经济增长的影响存在显著的空间溢出效应。

表7-13　稳健性检验（2）

变量	系数	标准误	t 统计量	p 值	Sig.
IDFI	0.254	0.222	1.150	0.052	*
LABOUR	0.973	1.162	0.840	0.403	
INF	-0.369	0.873	-0.420	0.672	
TRADE	-0.099	0.143	-0.690	0.489	
GOV	0.081	0.375	0.220	0.829	

续表

变量	系数	标准误	t 统计量	p 值	Sig.
EDU	−0.654	0.223	−2.930	0.003	***
W・IDFI	0.448	0.190	2.360	0.018	**
W・LABOUR	−1.968	0.611	−3.220	0.001	***
W・INF	−1.099	0.751	−1.460	0.144	
W・TRADE	0.038	0.169	0.230	0.821	
W・GOV	−0.710	0.660	−1.080	0.282	
W・EDU	0.503	0.141	3.560	0.000	***
rho	0.585	0.053	11.010	0.000	***
LR_Direct（直接效应）					
IDFI	0.383	0.244	1.570	0.116	
LABOUR	0.714	1.278	0.560	0.576	
INF	−0.542	0.866	−0.630	0.531	
TRADE	−0.098	0.148	−0.660	0.509	
GOV	−0.046	0.394	−0.120	0.907	
EDU	−0.628	0.232	−2.710	0.007	***
LR_Indirect（间接效应）					
IDFI	1.368	0.483	2.830	0.005	***
LABOUR	−2.912	1.982	−1.470	0.142	
INF	−2.973	1.496	−1.990	0.047	**
TRADE	−0.022	0.361	−0.060	0.952	
GOV	−1.354	1.359	−1.000	0.319	
EDU	0.222	0.255	0.870	0.385	
LR_Total（总效应）					
IDFI	1.751	0.633	2.760	0.006	***
LABOUR	−2.198	3.099	−0.710	0.478	
INF	−3.515	1.910	−1.840	0.066	*
TRADE	−0.119	0.432	−0.280	0.782	
GOV	−1.400	1.559	−0.900	0.369	
EDU	−0.407	0.404	−1.010	0.314	
R^2	0.8160				
N	155				

注：***、**、*分别表示在1%、5%、10%的统计水平上显著。

（3）替换空间矩阵。

本部分利用各省会（直辖市）的经纬度计算省会（直辖市）之间的空间距离，使用各省"地理距离权重矩阵"替换"空间邻接权重矩阵"，结果如表7-14所示。空间效应分解的结果表明存在空间溢出效应。

表7-14　稳健性检验（3）

变量	系数	标准误	t 统计量	p 值	Sig.
IDFI	0.185	0.082	2.250	0.024	＊＊
LABOUR	1.207	1.000	1.210	0.227	
INF	−1.332	1.098	−1.210	0.225	
TRADE	−0.045	0.155	−0.290	0.774	
GOV	0.123	0.254	0.490	0.627	
EDU	−0.503	0.190	−2.640	0.008	＊＊＊
W・IDFI	0.073	0.097	0.750	0.081	＊
W・LABOUR	−1.325	0.634	−2.090	0.037	＊＊
W・INF	−0.105	0.787	−0.130	0.893	
W・TRADE	−0.354	0.166	−2.140	0.033	＊＊
W・GOV	−0.548	0.490	−1.120	0.264	
W・EDU	0.291	0.114	2.560	0.011	＊＊
rho	0.538	0.050	10.770	0.000	＊＊＊
LR_Direct（直接效应）					
IDFI	0.218	0.084	2.610	0.009	＊＊＊
LABOUR	1.086	1.113	0.980	0.329	
INF	−1.371	1.092	−1.250	0.210	
TRADE	−0.103	0.162	−0.640	0.523	
GOV	0.054	0.276	0.190	0.846	
EDU	−0.492	0.193	−2.550	0.011	＊＊
LR_Indirect（间接效应）					
IDFI	0.350	0.169	2.060	0.039	＊
LABOUR	−1.197	2.024	−0.590	0.554	
INF	−1.682	1.600	−1.050	0.293	
TRADE	−0.744	0.336	−2.210	0.027	＊＊

续表

变量	系数	标准误	t 统计量	p 值	Sig.
GOV	−0.857	0.924	−0.930	0.354	
EDU	0.003	0.217	0.020	0.988	
LR_Total（总效应）					
IDFI	0.567	0.191	2.980	0.003	***
LABOUR	−0.111	3.046	−0.040	0.971	
INF	−3.052	2.222	−1.370	0.170	
TRADE	−0.847	0.431	−1.960	0.049	**
GOV	−0.803	1.076	−0.750	0.455	
EDU	−0.489	0.349	−1.400	0.161	
R^2	0.7915				
N	155				

注：＊＊＊、＊＊、＊分别表示在1%、5%、10%的统计水平上显著。

根据上面三个稳健性检验结果可以看到回归结果与表 7-8 的 SDM 模型估计结果差异不大，参数估计和显著性都没有发生太大变化，这说明第六章第二部分的研究结论是稳健并可靠的，即在省级层面假设 H2 成立，数字普惠金融对经济增长的影响具有空间溢出效应。

4. 分维度指数对经济增长影响的空间计量分析

在了解了各省份数字普惠金融水平对经济增长的空间影响之后，继续分析不同维度分指数对各省经济增长的影响，这样可以找出具体是数字普惠金融哪个方面的因素对经济增长有影响以及影响程度有何不同。由于已选择空间杜宾模型估计数字普惠金融指数对经济增长的影响，所以继续使用 SDM 模型估计三个分维度指数对经济增长的影响，结果如表 7-15 所示。

表 7-15 分维度指数对经济增长影响的 SDM 模型估计结果

变量	（1）	（2）	（3）
ACCE	0.458*** (0.178)		

续表

变量	(1)	(2)	(3)
USAGE		0.481*	
		(0.354)	
LIT			0.194
			(0.304)
LABOUR	0.546	−0.137	0.797
	(0.787)	(1.085)	(0.787)
INF	1.219	1.551*	1.644*
	(0.824)	(0.898)	(1.026)
TRADE	−0.001	−0.209	−0.142
	(0.192)	(0.179)	(0.177)
GOV	−0.471	−0.539*	−0.588*
	(0.351)	(0.321)	(0.320)
EDU	−0.385*	−0.372**	−0.333*
	(0.150)	(0.168)	(0.189)
W·ACCE	−0.186		
	(0.199)		
W·USAGE		−0.657*	
		(0.391)	
W·LIT			−0.621
			(0.416)
W·LABOUR	−1.632*	−3.112***	−1.938
	(1.001)	(1.088)	(1.279)
W·INF	−3.443***	−2.436	−4.833***
	(1.331)	(1.525)	(1.723)
W·TRADE	−1.018***	−0.755***	−1.044***
	(0.258)	(0.294)	(0.297)
W·GOV	0.623	0.882	0.677
	(0.521)	(0.576)	(0.616)
W·EDU	−0.203	−0.262*	−0.262*
	(0.134)	(0.143)	(0.157)
R^2	0.823	0.845	0.829
Log-likelihood	178.465	173.868	172.520
N		155	

注：＊＊＊、＊＊、＊分别表示在1%、5%、10%的统计水平上显著。

在豪斯曼检验中由于豪斯曼统计量为正数，p 值为 0.0000，故认为应该使用固定效应模型。根据 SDM 固定效应的估计结果可以看到数字普惠金融的可接触性在促进本省经济增长方面发挥的作用最大，其次是使用性。金融素养对经济增长的影响不明显。W·USAGE 的系数显著为负，说明周边省份居民对数字普惠金融产品使用量的增加对本省的经济增长有负面影响。

5. 异质性分析

由于本书的空间计量研究对象为彼此相邻的省份，因此仍以东中西三大经济带的划分方式为基础略作调整，为了保证地域的相邻性，本书将内蒙古划归中部，即异质性分析中的中部地区包括黑龙江省、吉林省、内蒙古自治区、山西省、安徽省、江西省、河南省、湖北省、湖南省，共 9 个省（自治区）；东部地区包含 11 个省（直辖市）；西部地区则是少了内蒙古自治区共有 11 个省（自治区、直辖市）。

下面将继续使用空间杜宾模型固定效应分析在这三个地区内的数字普惠金融指数对经济增长的空间影响（见表 7-16），以及三个分维度指数在不同地区内对经济增长的空间效应分解情况（见表 7-17）。

从表 7-16 可以看出，东部和中部地区数字普惠金融指数 IDFI 系数分别在 1% 和 10% 的统计水平上显著，说明这两个地区的数字普惠金融水平的提高能够显著促进本地区的经济增长，西部地区不显著，由此可以发现数字普惠金融对经济增长的影响因地区不同而异。同时，中、西部地区的 IDFI 空间滞后项均在 1% 的统计显著水平上为正，说明在这两个地区的内部，周边省份的 IDFI 的提升会对本省的经济增长有正面推动作用。

通过对空间杜宾模型的效应分解能够更为准确地说明 IDFI 及其他自变量和因变量之间的空间交互作用，因此要想确定空间溢出效应需要进行空间效应分解。与此同时，在 SDM 模型中由于内生交互效应 WY 的存在，使直接效应中存在来自邻近地区的反馈效应，即一省自变量对本省因变量的影响会传递到周边省份，且把源于邻近地区的变化的影响传回本地区。因此表 7-17 将分地区分析数字

表7-16 东西部地区 SDM 模型估计结果

变量	东部地区				中部地区				西部地区			
IDFI	0.472*** (0.119)				0.951* (0.590)				0.104 (0.545)			
ACCE		0.289*** (0.085)				0.859** (0.376)				0.382 (0.385)		
USAGE			-0.239 (0.158)				-1.140* (0.794)				-0.098 (0.293)	
LIT				-0.036 (0.446)				-0.235 (0.190)				-0.194 (0.287)
W·IDFI	0.195 (0.241)				2.156*** (0.740)				3.085*** (0.760)			
W·ACCE		0.015 (0.183)				0.856*** (0.296)				2.267*** (0.504)		
W·USAGE			0.302 (0.233)				1.926* (1.114)				-0.206 (1.076)	
W·LIT				-0.957* (0.544)				-0.058 (0.491)				-1.980*** (0.492)
控制变量	是	是	是	是	是	是	是	是	是	是	是	是
时间控制	是	是	是	是	是	是	是	是	是	是	是	是
Rho (ρ)	0.507***	0.565***	0.601***	0.535***	-0.107	-0.058	0.385***	0.299***	0.082	-0.027	0.480***	0.170**
R^2	0.936	0.937	0.949	0.960	0.960	0.961	0.943	0.945	0.954	0.952	0.917	0.946
Log-likelihood	88.6179	88.4488	85.7703	86.3811	86.3811	86.7957	82.2906	80.0986	82.8476	83.5424	74.6484	81.0705
N	55				45				55			

注：***、**、* 分别表示在 1%、5%、10% 的统计水平上显著，括号中的数值为稳健标准误。

普惠金融对经济增长的直接效应、间接效应及反馈效应，并与全国层面进行比较。

表 7-17　SDM 模型的直接效应、溢出效应和总效应比较

变量		全国	东部	中部	西部
IDFI	Direct	0.599 ***	0.614 ***	0.890	0.245
		(0.211)	(0.162)	(0.605)	(0.543)
	Indirect	1.330 ***	0.800	1.881 ***	3.615 **
		(0.460)	(0.503)	(0.610)	(1.447)
	Total	1.928 ***	1.414 **	2.771 ***	3.86 ***
		(0.562)	(0.630)	(0.719)	(1.493)
LABOUR	Direct	0.810	1.293 ***	-0.504	-2.531
		(0.814)	(0.425)	(0.818)	(0.816)
	Indirect	-2.288 *	-1.311	-1.657	0.156
		(1.330)	(1.014)	(1.564)	(1.758)
	Total	-1.478	-0.018	-2.162 **	-2.375
		(1.964)	(1.364)	(0.998)	(2.435)
CPI	Direct	0.025	-1.074	-4.005 **	-0.868
		(0.882)	(1.024)	(1.606)	(1.511)
	Indirect	-0.043	-0.385	2.563	-4.906 ***
		(0.822)	(2.523)	(1.746)	(1.239)
	Total	-0.019	-1.459	-1.442 ***	-5.774 ***
		(0.987)	(2.647)	(0.412)	(1.370)
TRADE	Direct	0.121	-0.236	-2.696 ***	-0.704 *
		(0.234)	(0.219)	(0.495)	(0.381)
	Indirect	-0.138	-0.897 *	-1.953	-2.069
		(0.324)	(0.397)	(1.667)	(2.418)
	Total	-0.017	-1.133 **	-4.649 ***	-2.773
		(0.460)	(0.545)	(1.591)	(2.702)
GOV	Direct	-0.075	-1.657 **	-1.131 **	-0.871
		(0.207)	(0.738)	(0.511)	(0.600)
	Indirect	-0.813	-1.728	-1.569 *	-1.010
		(0.797)	(1.923)	(0.826)	(0.694)
	Total	-0.888	-3.384	-2.700 ***	-1.881 *
		(0.875)	(2.541)	(0.606)	(1.081)

变量		全国	东部	中部	西部
EDU	Direct	-0.490*** (0.183)	-0.588* (0.178)	-0.752*** (0.293)	-0.020 (0.116)
	Indirect	0.016 (0.165)	-0.129 (0.283)	0.328 (0.296)	-0.025 (0.164)
	Total	-0.474* (0.270)	-0.717* (0.391)	-0.424*** (0.092)	-0.045 (0.221)

注：***、**、*分别表示在1%、5%、10%的统计水平上显著，括号中的数值为稳健标准误。

（1）全国层面。

从直接效应来看，一个地区数字普惠金融水平的提高对本地区的经济增长有积极正面的影响，此外教育支出对经济增长的直接效应为负。

反馈效应表示本地区直接作用于邻近地区后又传回本地区的结果，它的度量是用表7-17中的各变量直接效应减去表7-10（SDM基准模型）中该变量的系数。因此，可以得出数字普惠金融的反馈效应分别是-0.03（=0.599-0.629）。

从间接效应来看，一省数字普惠金融水平的提高对相邻省份的经济增长有空间溢出效应。此外，劳动力对邻近省份经济增长的影响为正。直接效应和间接效应充分说明，各自变量不仅对本地区的因变量产生影响，而且对相邻省份的因变量都会产生空间溢出效应。

（2）东、中、西三区域层面。

在东部地区，数字普惠金融水平对经济增长的直接效应显著为正，且总效应显著为正。但是间接效应不显著，这说明在东部地区一省份的IDFI的增长会对本省的经济增长产生促进作用，但是对周边省份的经济没有产生正显著空间溢出效应。反馈效应为0.142（=0.614-0.472）。此外，一省的劳动力对本省的经济增长有显著的正面影响。政府投资、教育投资对周边省份的经济增长有显著的负面影响。

中部地区数字普惠金融对经济增长的影响直接效应不显著，但是间接效应显著且为正，这说明数字普惠金融在中部地区各省的经济发展中对周边省份有空间溢出效应。其余变量中物价指数、对外贸易、政府投资和教育投资对本省的经济增长有显著负影响，政府投资对周边省份有负的空间溢出效应。

西部地区省份的数字普惠金融水平的提高对本省经济增长影响不显著，对周边省份的经济增长有显著的正的空间溢出效应。与此同时，对外贸易对本省的经济增长有显著正影响，教育投入差距对经济增长有显著负影响。从间接效果来看，一省的物价水平对周边省份的经济增长有负的空间溢出效应。

通过对空间杜宾模型的空间效应分解分析，本书得到了不同区域内部各省份每个自变量对本省份及邻近省份经济增长的直接效应、间接效应（空间溢出）及总效应。这个计算结果与之前空间模型中的点估计略有不同，能够更为准确地说明数字普惠金融及其他自变量与经济增长之间的空间交互作用。

三、小结

本章运用空间计量方法验证一个地区数字普惠金融水平的提高是否会对周边相邻地区的经济增长产生空间溢出效应。跨国层面的空间杜宾模型回归结果可以看出 IDFI 的回归系数为正，说明一国数字普惠金融的发展可以显著地促进本国经济增长。空间效应分解得到的间接效应显著为正，说明一国数字普惠金融水平的提高会对邻国的经济增长产生正外部性，因此可以在跨国层面证明假设 H2 成立，该结论通过了稳健性检验。

使用空间杜宾固定效应模型分析我国各省数字普惠金融对经济增长的空间溢出效应，结果表明，在全国层面该效应确实存在，这证明在省级层面假设 H2 成立。异质性分析发现，我国东中西部地区的数字普惠金融水平对经济增长的空间溢出效应不同。进一步通过分解 SDM 模型的直接间接效应，发现我国中部和西部地区一省的数字普惠金融水平对周边省份经济增长有显著的正空间溢出效应，东部地区影响不显著。

第八章　数字普惠金融影响经济增长的传导路径实证分析

本书在第四章的分析中提出在数字普惠金融影响经济增长的过程中，信贷约束的缓解、小微企业及居民创业的增加、投资规模的扩大和城乡收入差距的缩小可能是主要传导路径。因此本章将采用中介效应模型检验这四个要素是不是数字普惠金融影响经济增长的中介变量，以及数字普惠金融是否通过这四个路径影响经济增长。由于本书所使用的省级数据为面板数据、跨国数据为截面数据，运用面板数据进行中介效应分析比截面数据更加可靠，因此本章将使用我国 31 个省（自治区、直辖市）2013~2017 年的数据进行传导路径的实证检验。

一、信贷约束传导路径的实证分析

本书在第五章中提出的假设 H3 认为，信贷约束可能在数字普惠金融对经济增长的影响具有中介效应。为验证信贷约束这一传导路径，本书借鉴 Hadlock 等（2010）提出的方法用 SA 指数衡量企业面临的信贷约束程度。鉴于 SA 指数是负数，本书用 SA 指数的绝对值表示信贷约束，中介变量 $FC = |SA| = |-0.737Size + 0.043Size^2 - 0.004Age|$，其中 Size 为企业规模，Age 为企业成立时长，FC 越大

说明企业面临的信贷约束问题越严重。本书选取中小企业板上市公司2013~2017年的年度数据作为初始样本，回归之前，参照梁榜和张建华（2018）的做法对公司层面的数据噪声部分进行了处理：①剔除金融类的公司；②剔除带有*ST、ST与PT标志的公司；③剔除资产负债率大于1的公司；④删除有异常数据的样本，如现金流大于1和资本支出大于1的公司；⑤剔除财务数据残缺和所有者权益为负的公司，最终得到了417家企业的年度数据。在稳健性检验中将会使用这417家上市公司的KZ指数作为信贷约束的替代指标。

在回归中所使用的控制变量与第五章相同。各变量的描述性统计如表8-1所示。

表8-1　信贷约束传导路径模型变量描述性统计

变量	均值	最大值	最小值	标准误
经济增长	10.807	11.768	10.050	0.527
数字普惠金融指数	0.254	0.756	0.078	0.336
SA 指数	1.345	1.735	1.128	0.029
KZ 指数	1.441	3.531	−1.633	0.824
城镇就业人口比率	0.234	0.433	0.129	0.091
消费者价格指数	1.019	1.039	1.006	0.008
进出口总额占 GDP	0.108	0.819	0.000	0.164
政府财政支出占 GDP	0.284	1.379	0.121	0.152
教育支出占 GDP	0.537	1.870	0.254	0.086

结合中介效应模型，本书设计的检验以信贷约束为中介变量的信贷约束传导路径模型如下：

$$Y_{it} = \alpha_1 + c'IDFI_{it} + \alpha_2 LABOUR_{it} + \alpha_3 INF_{it} + \alpha_4 TRADE_{it} + \alpha_5 GOV_{it} + \alpha_6 EDU_{it} + \varepsilon_{it}$$

$$(8-1)$$

$$FC_{it} = \beta_1 + aIDFI_{it} + \beta_2 LABOUR_{it} + \beta_3 INF_{it} + \beta_4 TRADE_{it} + \beta_5 GOV_{it} + \beta_6 EDU_{it} + \theta_{it}$$

$$(8-2)$$

$$Y_{it} = \gamma_1 + cIDFI_{it} + bFC_{it} + \gamma_2 LABOUR_{it} + \gamma_3 INF_{it} + \gamma_4 TRADE_{it} + \gamma_5 GOV_{it} + \gamma_6 EDU_{it} + \delta_{it}$$

$$(8-3)$$

其中，i 代表省份、t 代表年份，Y_i 是人均生产总值的对数，FC 表示信贷约束，IDFI 表示数字普惠金融水平，ε_i 为随机扰动项，LABOUR 表示就业率，INF 表示通货膨胀率，TRADE 表示对外贸易，GOV 表示政府规模，EDU 表示政府教育投入。

模型 8-1 反映数字普惠金融对经济增长的影响，模型 8-2 反映数字普惠金融对信贷约束的影响，模型 8-3 反映了数字普惠金融与信贷约束对经济增长的影响。表 8-2 展示了信贷约束中介效应的分步检验结果。

表 8-2　信贷约束传导路径回归结果

变量	Y	FC	Y
	（1）	（2）	（3）
IDFI	0.706 ***	−0.069 ***	0.612 ***
	（0.188）	（0.005）	（0.187）
FC			−0.634 *
			（0.434）
LABOUR	1.901 ***	−0.304 ***	1.868 ***
	（0.432）	（0.0334）	（0.430）
INT	1.322	−0.0766	1.427
	（1.342）	（0.0608）	（1.326）
TRADE	0.387 ***	−0.0856 ***	0.384 ***
	（0.149）	（0.0104）	（0.149）
GOV	−0.303	0.238 ***	−0.354 *
	（0.200）	（0.0324）	（0.202）
EDU	−0.504 ***	−0.123 ***	−0.484 ***
	（0.113）	（0.0106）	（0.112）
R^2	0.815	0.829	0.820
		155	

注：***、**、* 分别表示在 1%、5%、10% 的统计水平上显著，括号中的数值为稳健标准误。

从表 8-2 的结果第（1）列可以看到在 1% 的统计水平上数字普惠金融对经济增长的影响显著为正，即表明总效应显著；第（2）列显示在 1% 的统计水平上数字普惠金融对信贷约束的影响显著为负，这说明数字普惠金融能够缓解信贷约束；

从第（3）列可以发现在 1% 的统计水平上信贷约束对经济增长的影响显著为负，表明信贷约束对经济增长有负面影响，加入中介变量后数字普惠金融对经济增长的影响系数变小，表明信贷约束在数字普惠金融与经济增长之间存在部分中介效应。

省级层面数字普惠金融对经济增长的总效应是 0.706，效果显著；数字普惠金融对经济增长的直接效应为 0.612，结果显著；数字普惠金融通过信贷约束对经济增长发挥的间接效应（即中介效应）为 0.044（=0.069×0.634）；中介效应在总效应中占比 6.50%。

接下来再使用 Bootstrap 法检验中介效应效果。检验结果间接效应 bs1 = 0.043，直接效应 bs2 = 0.612，由于 bs1 的置信区间为 0.0148 ~ 0.1033（不包含零），因此可以判定确实存在中介效应。

基于此可以得出结论：在省级层面数字普惠金融可以缓解信贷约束，信贷约束的改善能够显著促进经济增长，信贷约束在数字金融推动经济增长的过程中起到部分中介效应，中介效应占总效应的比例为 6.50%。该结论从省级层面验证了本书的假设 H3 成立（数字普惠金融可以通过缓解信贷约束促进经济增长）。

为了检验信贷约束中介效应的稳健性，本书分别采取滞后一期回归和替换中介变量的方法进行稳健性检验。表 8-3 展示了自变量滞后一期的中介效应分布检验结果。从表中第（1）列和第（2）列可以看到数字普惠金融指数滞后一期在 1% 的显著性水平上对经济增长有正向影响，对信贷约束有负向影响。第（3）列结果表明滞后一期的数字普惠金融和信贷约束的缓解都对经济增长有正向的促进作用，而且数字普惠金融对经济增长的影响的系数由 1.772 减到了 1.605，且在 1% 的统计水平上显著，说明信贷约束在数字普惠金融对经济增长的影响中具有部分中介作用，该结论支持了假设 H3。

表 8-3　信贷约束中介效应模型稳健性检验（1）

变量	Y	FC	Y
	(1)	(2)	(3)
L. IDFI	1.772***	−0.131***	1.605***
	(0.187)	(0.032)	(0.205)

续表

变量	Y	FC	Y
	(1)	(2)	(3)
L. FC			−1.032*
			(0.528)
L. LABOUR	−0.464	−0.365***	−0.158
	(0.515)	(0.086)	(0.552)
L. INT	−3.065**	−0.804***	−2.169
	(1.412)	(0.182)	(1.414)
L. TRADE	0.213	−0.056	0.227
	(0.190)	(0.035)	(0.192)
L. GOV	0.536*	0.025	0.438
	(0.289)	(0.052)	(0.289)
L. EDU	−0.610***	−0.025	−0.558***
	(0.211)	(0.030)	(0.207)
R^2	0.422	0.636	0.475
N		155	

注：***、**、*分别表示在1%、5%、10%的统计水平上显著，括号中的数值为稳健标准误。

本书借鉴 Kaplan 和 Zingales（1997）、魏志华等（2014）的方法，计算获得的 KZ 指数计算公式为 $KZ_{it} = -1.815CF_{it}/A_{it-1} - 25.571DIV_{it}/A_{it-1} - 1.953C_{it}/A_{it-1} + 4.484LEV_{it+0.291}Q_{it}$（其中 CF_{it} 为当期经营性净现金流，A_{it-1} 为上期总资产，DIV_{it} 为当期现金股利，C_{it} 为当期现金持有量，LEV_{it} 代表资产发债率，Q_{it} 是托宾 Tobin's Q），KZ 指数越大说明融资约束越大。表8-4 显示了以 KZ 指数作为中介变量的稳健性检验结果。

表8-4　信贷约束中介效应模型稳健性检验（2）

变量	Y	KZ	Y
	(1)	(2)	(3)
IDFI	0.706***	−0.823*	0.650***
	(0.188)	(0.475)	(0.044)

续表

变量	Y	KZ	Y
	（1）	（2）	（3）
KZ			−0.019*
			（0.001）
LABOUR	1.901***	0.847	3.206***
	（0.432）	（1.221）	（0.110）
INT	1.322	25.209***	3.597***
	（1.342）	（6.030）	（0.336）
TRADE	0.387***	0.229	0.168***
	（0.149）	（0.360）	（0.044）
GOV	−0.303	−1.172	−1.478***
	（0.200）	（1.080）	（0.108）
EDU	−0.504***	0.637	−0.771***
	（0.113）	（0.643）	（0.044）
R²	0.815	0.683	0.826
N		155	

注：***、**、*分别表示在1%、5%、10%的统计水平上显著，括号中的数值为稳健标准误。

从表8-4可以看出，第（1）列表明数字普惠金融对经济增长有显著正向影响，第（2）列显示数字普惠金融在10%的统计水平上可以缓解信贷约束，第（3）列表明数字普惠金融水平的提高和信贷约束的缓解对经济增长都有正向显著影响。而且，IDFI的系数从第（1）列的0.706下降到第（3）列的0.650，这说明创业替代指标在数字普惠金融对经济增长的影响过程中具有部分中介效应。

稳健性检验结果支持了假设H3的可靠性，即信贷约束是数字普惠金融促进经济增长的中介变量。

二、创业传导路径的实证分析

根据第五章的分析，本书提出数字普惠金融可以通过鼓励创业促进经济增长的假设 H4，下面将结合第七章第一部分的中介效应模型验证"创业"在数字普惠金融影响经济增长过程中的中介作用。借鉴黄亮雄等（2019）和 Baptista 等（2008）的思路，本书采用各省份私营企业和个体户每年新增数量作为衡量该省当年创业水平的变量，各变量的描述性统计如表 8-5 所示。

表 8-5　创业传导路径模型变量描述性统计

变量	均值	最大值	最小值	标准误
经济增长	10.807	11.768	10.050	0.527
数字普惠金融指数	0.254	0.756	0.078	0.336
私营企业和个体户新增	30.849	124.200	4.200	0.071
个体和私营企业就业人数占常住人口比率	0.205	0.556	0.078	0.033
城镇就业人口比率	0.234	0.433	0.129	0.091
消费者价格指数	1.019	1.039	1.006	0.008
进出口总额占 GDP	0.108	0.819	0.000	0.164
政府财政支出占 GDP	0.284	1.379	0.121	0.152
教育支出占 GDP	0.537	1.870	0.254	0.086

结合中介效应模型，本书设计的以创业为中介变量的中介效应模型如下：

$$Y_{it} = \alpha_1 + c'IDFI_{it} + \alpha_2 LABOUR_{it} + \alpha_3 INF_{it} + \alpha_4 TRADE_{it} + \alpha_5 GOV_{it} + \alpha_6 EDU_{it} + \varepsilon_{it}$$

$$(8-4)$$

$$CY_{it} = \beta_1 + aIDFI_{it} + \beta_2 LABOUR_{it} + \beta_3 INF_{it} + \beta_4 TRADE_{it} + \beta_5 GOV_{it} + \beta_6 EDU_{it} + \theta_{it}$$

$$(8-5)$$

$$Y_{it} = \gamma_1 + cIDFI_{it} + bCY_{it} + \gamma_2 LABOUR_{it} + \gamma_3 INF_{it} + \gamma_4 TRADE_{it} + \gamma_5 GOV_{it} + \gamma_6 EDU_{it} + \delta_{it}$$

$$(8-6)$$

其中，i 代表省份，t 代表年份，Y_i 是人均生产总值的对数，CY 表示创业，IDFI 表示数字普惠金融水平，ε_i 为随机扰动项，LABOUR 表示就业率，INF 表示通货膨胀率，TRADE 表示对外贸易，GOV 表示政府规模，EDU 表示政府教育投入。

模型 8-4 反映数字普惠金融对经济增长的影响，模型 8-5 反映数字普惠金融

对创业的影响，模型8-6反映了数字普惠金融与创业对经济增长的影响。表8-6
展示了创业中介效应的分步检验结果。

表8-6　创业传导路径回归结果

变量	Y	CY	Y
	(1)	(2)	(3)
IDFI	0.706***	1.698**	0.699***
	(0.188)	(0.861)	(0.256)
CY			0.019*
			(0.013)
LABOUR	1.901***	-5.772***	-1.654***
	(0.432)	(2.148)	(0.582)
INT	1.322	3.144	-4.813***
	(1.342)	(7.340)	(1.053)
TRADE	0.387***	-0.126	-0.922***
	(0.149)	(0.816)	(0.252)
GOV	-0.303	-1.544*	-0.385
	(0.200)	(0.920)	(0.421)
EDU	-0.504***	-0.527	-0.462***
	(0.113)	(0.681)	(0.108)
R^2	0.815	0.722	0.714
N		155	

注：***、**、*分别表示在1%、5%、10%的统计水平上显著，括号中的数值为稳健标准误。

　　从表8-6的结果第（1）列可以看到在1%的统计水平上数字普惠金融对经
济增长的影响显著为正，即表明数字普惠金融对经济增长影响的总效应显著；第
（2）列显示在5%的统计水平上数字普惠金融对创业的影响显著为正，这说明数
字普惠金融能够促进创业；从第（3）列可以发现在10%的统计水平上创业对经
济增长的影响显著为正，而且加入中介变量后数字普惠金融对经济增长的影响系
数变小，表明创业在数字普惠金融与经济增长之间存在部分中介效应。

　　具体的中介效应如下：省级层面数字普惠金融对经济增长的总效应是0.706，

效果显著；数字普惠金融对经济增长的直接效应为 0.699，结果显著；数字普惠金融通过创业这一传导路径对经济增长发挥的间接效应（即中介效应）为 0.032（＝1.698×0.019）；中介效应（间接效应）在总效应中占比为 4.30%。

接下来继续使用 Bootstrap 法检验中介效应效果。检验结果间接效应 bs1 = 0.032，直接效应 bs2 = 0.699，由于 bs1 的置信区间为 0.0181~0.1109（不包含零），因此可以确认存在中介效应。

因此本书认为在省级层面数字普惠金融可以促进创业，创业也能够促进经济增长，创业在数字金融促进经济增长的过程中起到部分中介效应，中介效应占总效应的比例为 4.30%。该结论从省级层面验证了本书的假设 H4 成立（数字普惠金融可以通过鼓励创业促进经济增长）。

为了确保上述实证结论的可靠性，本研究分别采取滞后一期回归和替换中介变量的方法进行稳健性检验。首先，使用自变量的滞后一期数据对经济增长进行分布检验，结果如表 8-7 所示。

表 8-7　创业中介效应模型稳健性检验（1）

变量	Y	CY	Y
	(1)	(2)	(3)
L. IDFI	1.772***	2.107**	1.718***
	(0.187)	(0.910)	(0.192)
L. CY			0.020*
			(0.017)
L. LABOUR	−0.464	−5.568**	−0.225
	(0.515)	(2.391)	(0.523)
L. INT	−3.065**	−0.227	−3.428**
	(1.412)	(7.326)	(1.472)
L. TRADE	0.213	0.210	0.238
	(0.190)	(0.855)	(0.187)
L. GOV	0.536*	−2.318*	0.647**
	(0.289)	(1.337)	(0.289)

变量	Y	CY	Y
	（1）	（2）	（3）
L. EDU	−0.610***	0.455	−0.687***
	（0.211）	（1.024）	（0.214）
R^2	0.422	0.512	0.423
N		155	

注：***、**、*分别表示在1%、5%、10%的统计水平上显著，括号中的数值为稳健标准误。

从表8-7中第（1）列和第（2）列可以看到数字普惠金融指数滞后一期分别在1%和5%的统计水平上对经济增长和创业有显著正向影响，第（3）列结果表明滞后一期的数字普惠金融和创业指标都对经济增长有正向的促进作用，而且数字普惠金融对经济增长的影响的系数由1.772降到了1.718，且在1%的统计水平上显著，说明创业在数字普惠金融对经济增长的影响中具有部分中介作用，该结论支持了假设H4。

本书进一步参考古家军和谢凤华（2012）、冯永琦和蔡嘉慧（2021）的方法用"（个体就业人数+私营企业就业人数）/常住人口"（CY'）替代"各省私营企业和个体户每年新增数量"作为衡量创业参与程度的指标进行回归。回归结果如表8-8所示。

表8-8　创业中介效应模型稳健性检验（2）

变量	Y	CY'	Y
	（1）	（2）	（3）
IDFI	0.706***	0.291***	0.418*
	（0.188）	（0.100）	（0.236）
CY'			1.122***
			（0.210）
LABOUR	1.901***	−0.028	−1.980***
	（0.432）	（0.209）	（0.477）

变量	Y	CY'	Y
	（1）	（2）	（3）
INT	1.322	-1.356***	-3.056***
	（1.342）	（0.409）	（0.977）
TRADE	0.387***	-0.553***	-0.363
	（0.149）	（0.097）	（0.251）
GOV	-0.303	0.529***	-1.018**
	（0.200）	（0.162）	（0.387）
EDU	-0.504***	-0.209***	-0.229***
	（0.113）	（0.042）	（0.106）
R^2	0.815	0.701	0.766
N	155		

注：***、**、*分别表示在1%、5%、10%的统计水平上显著，括号中的数值为稳健标准误。

表8-8展示了以私营企业和个体户就业占比为中介变量的分步检验结果，第（1）列表明数字普惠金融对经济增长有显著正向影响，第（2）列显示数字普惠金融在1%的统计水平上促进个体户和私营企业创业，第（3）列表明数字普惠金融、个体户和私营企业就业人数占比对经济增长都有正向显著影响。而且，IDFI的系数从第（1）列的0.706下降到第（3）列的0.418，说明创业替代指标在数字普惠金融对经济增长的影响过程中具有部分中介效应。

稳健性检验的结果表明省级层面数字普惠金融能够通过创业促进经济增长，假设H4得到了较为可靠的支持。该结果与钱海章等（2020）的研究结论一致。

三、投资传导路径的实证分析

本书在第五章中提出假设H5：数字普惠金融可以通过刺激投资促进经济增长。本节将以固定资产投资形成总额占GDP比重作为"投资"的代理变量实证投资在数字普惠金融影响经济增长过程中的中介效应。各变量的描述性统计如表 8-9 所示。

表 8-9 投资传导路径模型变量描述性统计

变量	均值	最大值	最小值	标准误
经济增长	10. 807	11. 768	10. 050	0. 527
数字普惠金融指数	0. 254	0. 756	0. 078	0. 336
固定资产投资占 GDP	0. 855	1. 507	0. 237	0. 541
私营企业固定资产投资占 GDP	0. 224	0. 481	0. 012	0. 110
城镇就业人口比率	0. 234	0. 433	0. 129	0. 091
消费者价格指数	1. 019	1. 039	1. 006	0. 008
进出口总额占 GDP	0. 108	0. 819	0. 000	0. 164
政府财政支出占 GDP	0. 284	1. 379	0. 121	0. 152
教育支出占 GDP	0. 537	1. 870	0. 254	0. 086

根据中介效应模型，本书设计的检验以投资为中介变量的投资传导路径模型如下：

$$Y_{it} = \alpha_1 + c'IDFI_{it} + \alpha_2 LABOUR_{it} + \alpha_3 INF_{it} + \alpha_4 TRADE_{it} + \alpha_5 GOV_{it} + \alpha_6 EDU_{it} + \varepsilon_{it}$$

$$(8-7)$$

$$K_{it} = \beta_1 + aIDFI_{it} + \beta_2 LABOUR_{it} + \beta_3 INF_{it} + \beta_4 TRADE_{it} + \beta_5 GOV_{it} + \beta_6 EDU_{it} + \theta_{it}$$

$$(8-8)$$

$$Y_{it} = \gamma_1 + cIDFI_{it} + bK_{it} + \gamma_2 LABOUR_{it} + \gamma_3 INF_{it} + \gamma_4 TRADE_{it} + \gamma_5 GOV_{it} + \gamma_6 EDU_{it} + \delta_{it}$$

$$(8-9)$$

其中，i 代表省份、t 代表年份，Y_i 是人均生产总值的对数，K 代表投资，IDFI 表示数字普惠金融水平，ε_i 为随机扰动项，LABOUR 表示就业率，INF 表示通货膨胀率，TRADE 表示对外贸易，GOV 表示政府规模，EDU 表示政府教育投入。

模型 8-7 反映数字普惠金融对经济增长的影响，模型 8-8 反映数字普惠金融对投资的影响，模型 8-9 反映了数字普惠金融与投资对经济增长的影响。投资中介效应的分步检验结果如表8-10所示。

表8-10　投资传导路径回归结果

变量	Y	K	Y
	（1）	（2）	（3）
IDFI	0.706***	0.587***	0.607***
	(0.188)	(0.166)	(0.234)
K			0.227***
			(0.050)
LABOUR	1.901***	−0.740*	−1.988***
	(0.432)	(0.380)	(0.490)
INT	1.322	−5.771***	−3.100***
	(1.342)	(1.628)	(1.013)
TRADE	0.387***	−0.446***	−0.910***
	(0.149)	(0.138)	(0.229)
GOV	−0.303	0.438***	−0.519
	(0.200)	(0.166)	(0.382)
EDU	−0.504***	0.068	−0.439***
	(0.113)	(0.139)	(0.100)
R^2	0.815	0.735	0.753
N		155	

注：***、**、*分别表示在1%、5%、10%的统计水平上显著，括号中的数值为稳健标准误。

从表8-10的回归结果可以看出，第（1）列表明在1%的统计水平上数字普惠金融对经济增长的影响显著为正，即总效应显著；第（2）列显示在1%的统计水平上数字普惠金融能够促进投资；从第（3）列可以发现在1%的统计水平上数字普惠金融和投资都对经济增长有显著正向影响，加入中介变量后数字普惠金融对经济增长的影响系数变小，表明投资在数字普惠金融与经济增长之间存在部分中介效应。

具体分析，省级层面数字普惠金融对经济增长的总效应是0.706，效果显著；数字普惠金融对经济增长的直接效应为0.607，结果显著；数字普惠金融通过信贷约束对经济增长发挥的间接效应（即中介效应）为 0. 133（= 0.587×0.227）；中介效应在总效应中占比为 17. 9%。

接下来再使用 Bootstrap 法检验中介效应效果。检验结果间接效应 bs1 = 0. 132，直接效应 bs2 = 0. 607，由于 bs1 的置信区间为 0. 022 ~ 0. 326（不包含零），因此可以判定确实存在中介效应。

基于此可以得出结论：在省级层面数字普惠金融可以刺激投资，投资对经济增长有正向促进作用并且在数字金融促进经济增长的过程中起到部分中介效应，中介效应占总效应的比例为 17. 9%。该结论从省级层面验证了本研究的假设 H5 成立（数字普惠金融可以通过刺激投资促进经济增长）。

为确保研究结论的可靠，该部分的稳健性检验将使用以下两种方法：首先用自变量的滞后一期数据进行回归解决内生性问题；其次使用私营企业固定投资与 GDP 的比值 K_p 替换固定资产投资总额占比。

从表 8-11 中第（1）列和第（2）列可以看到滞后一期的数字普惠金融指数分别在 1% 的统计水平上对经济增长和投资都有显著正向影响，第（3）列结果表明滞后一期的数字普惠金融和投资指标都对经济增长有正向的促进作用，而且数字普惠金融对经济增长的影响的系数由 1. 772 降到了 1. 633，且在 1% 的统计水平上显著，说明投资在数字普惠金融对经济增长的影响中具有部分中介作用，该结论支持了假设 H5。

表 8-11 投资中介效应模型稳健性检验（1）

变量	Y	K	Y
	（1）	（2）	（3）
L. IDFI	1. 772***	0. 675***	1. 633***
	(0. 187)	(0. 194)	(0. 176)
L. K			0. 443***
			(0. 091)
L. LABOUR	−0. 464	−0. 637	−0. 202
	(0. 515)	(0. 448)	(0. 496)

变量	Y	K	Y
	(1)	(2)	(3)
L. INT	−3.065**	−0.828	−0.105
	(1.412)	(1.819)	(1.318)
L. TRADE	0.213	−0.446***	0.356*
	(0.190)	(0.153)	(0.189)
L. GOV	0.536*	0.167	0.141
	(0.289)	(0.248)	(0.278)
L. EDU	−0.610***	0.297	−0.461**
	(0.211)	(0.201)	(0.189)
R^2	0.422	0.741	0.676
N		155	

注：***、**、*分别表示在1%、5%、10%的统计水平上显著，括号中的数值为稳健标准误。

本书进一步参考了李柳颖（2019）的方法用"私营企业固定资产投资/GDP"（K_p）替换"固定资产总投资/GDP"作为衡量投资的指标进行回归。回归结果如表8−12所示。

表8−12　投资中介效应模型稳健性检验（2）

变量	Y	K_p	Y
	(1)	(2)	(3)
IDFI	0.706***	0.150*	0.590***
	(0.188)	(0.086)	(0.155)
K_p			0.385***
			(0.143)
LABOUR	1.901***	−0.583***	0.185
	(0.432)	(0.180)	(0.407)
INT	1.322	−2.213**	−3.690***
	(1.342)	(1.119)	(1.189)
TRADE	0.387***	−0.149**	0.128
	(0.149)	(0.063)	(0.165)

续表

变量	Y	K_p	Y
	（1）	（2）	（3）
GOV	−0.303	0.005	0.476**
	（0.200）	（0.085）	（0.188）
EDU	−0.504***	−0.115	−0.739***
	（0.113）	（0.074）	（0.110）
R^2	0.815	0.758	0.733
N		155	

注：***、**、*分别表示在1%、5%、10%的统计水平上显著，括号中的数值为稳健标准误。

从表8-12可以看到以私营企业投资占比作为中介变量的分步检验结果，第（1）列表明数字普惠金融对经济增长有推动作用，第（2）列显示数字普惠金融在10%的统计水平上促进私营企业的投资，第（3）列表明数字普惠金融和私营企业投资占比对经济增长都有正向显著影响。而且，IDFI的系数从第（1）列的0.706下降到第（3）列的0.590，说明投资替代指标在数字普惠金融对经济增长的影响过程中具有部分中介效应。

稳健性检验的结果支持假设H5：省级层面数字普惠金融能够通过刺激投资促进经济增长。

四、城乡收入差距传导路径的实证分析

结合第五章中提出的假设H6：数字普惠金融可以通过减少城乡收入差距促进经济增长，本节将通过计算泰尔指数衡量城乡收入差距用以实证城乡收入差距在数字普惠金融影响经济增长过程中的中介效应。泰尔指数计算方式为：

$$\text{Theil}_{it} = \sum_{i=1}^{2} \left(\frac{Y_{(i,t)}}{Y_t} \right) + \ln\left[\left(\frac{Y_{(i,t)}}{Y_t} \right) \Big/ \left(\frac{X_{(i,t)}}{X_t} \right) \right] \tag{8-10}$$

其中，i=1 时表示城镇，i=2 时表示农村；$Y_{(1,t)}$ 代表第 t 年城镇居民人均可支配收入，$Y_{(2,t)}$ 代表第 t 年农村居民人均可支配收入，Y_t 代表第 t 年城乡居民人均可支配收入；$X_{(1,t)}$ 代表第 t 年城镇人口数，$X_{(2,t)}$ 表示第 t 年农村人口数，X_t 表示第 t 年城乡总人口数。

各变量的描述性统计如表 8-13 所示。

表 8-13　城乡收入差距传导路径模型变量描述性统计

变量	均值	最大值	最小值	标准误
经济增长	10.807	11.768	10.050	0.527
数字普惠金融指数	0.254	0.756	0.078	0.336
Theil 指数	1.583	4.476	0.724	0.762
城乡收入差距指数	2.686	4.967	1.332	1.473
城镇就业人口比率	0.234	0.433	0.129	0.091
消费者价格指数	1.019	1.039	1.006	0.008
进出口总额占 GDP	0.108	0.819	0.000	0.164
政府财政支出占 GDP	0.284	1.379	0.121	0.152
教育支出占 GDP	0.537	1.870	0.254	0.086

根据中介效应模型，本书设计的检验以城乡收入为中介变量的城乡收入传导路径模型如下：

$$Y_{it} = \alpha_1 + c'IDFI_{it} + \alpha_2 LABOUR_{it} + \alpha_3 INF_{it} + \alpha_4 TRADE_{it} + \alpha_5 GOV_{it} + \alpha_6 EDU_{it} + \varepsilon_{it}$$

$$(8-11)$$

$$Theil_{it} = \beta_1 + aIDFI_{it} + \beta_2 LABOUR_{it} + \beta_3 INF_{it} + \beta_4 TRADE_{it} + \beta_5 GOV_{it} + \beta_6 EDU_{it} + \theta_{it}$$

$$(8-12)$$

$$Y_{it} = \gamma_1 + cIDFI_{it} + bTheil_{it} + \gamma_2 LABOUR_{it} + \gamma_3 INF_{it} + \gamma_4 TRADE_{it} + \gamma_5 GOV_{it} + \gamma_6 EDU_{it} + \delta_{it}$$

$$(8-13)$$

其中，i 代表省份，t 代表年份，Y_i 是人均生产总值的对数，Theil 反映城乡收入差距，IDFI 表示数字普惠金融水平，ε_i 为随机扰动项，LABOUR 表示就业率，INF 表示通货膨胀率，TRADE 表示对外贸易，GOV 表示政府规模，EDU 表示政府教育投入。

模型 8-11 反映数字普惠金融对经济增长的影响，模型 8-12 反映数字普惠金融对城乡收入差距的影响，模型 8-13 反映数字普惠金融和城乡收入差距对经济增长的影响。城乡收入差距中介效应的分步检验结果如表 8-14 所示。

表 8-14　城乡收入差距传导路径回归结果

变量	Y	Theil	Y
	（1）	（2）	（3）
IDFI	0.706***	-0.661***	0.687***
	（0.188）	（0.176）	（0.158）
Theil			-0.378***
			（0.065）
LABOUR	1.901***	3.227***	1.177***
	（0.432）	（1.034）	（0.394）
INT	1.322	3.687***	-2.546**
	（1.342）	（1.034）	（1.015）
TRADE	0.387***	-0.930***	-0.447***
	（0.149）	（0.184）	（0.156）
GOV	-0.303	0.876***	0.895***
	（0.200）	（0.245）	（0.183）
EDU	-0.504***	0.277***	-0.531***
	（0.113）	（0.102）	（0.097）
R^2	0.815	0.723	0.774
N		155	

注：***、**、*分别表示在1%、5%、10%的统计水平上显著，括号中的数值为稳健标准误。

根据表 8-14 的回归结果可以看到：第（1）列表明在 1% 的统计水平上数字普惠金融对经济增长的影响显著为正，即总效应显著；第（2）列显示在 1% 的统计水平上数字普惠金融和城乡收入差距显著负相关，即数字普惠金融能够减小城乡收入差距；从第（3）列可以发现在 1% 的统计水平上数字普惠金融对经济增长有显著正向影响，城乡收入差距的减少能够显著促进经济增长。加入中介变量后数字普惠金融对经济增长的影响系数变小，表明城乡收入差距在数字普惠金融与经济增长之间存在部分中介效应。

省级层面数字普惠金融对经济增长的总效应是0.706，效果显著；数字普惠金融对经济增长的直接效应为0.687，结果显著；数字普惠金融通过信贷约束对经济增长发挥的间接效应（即中介效应）为0.250（=0.661×0.378）；中介效应在总效应中占比为26.60%。

接下来再使用Bootstrap法检验中介效应效果。检验结果间接效应bs1=−0.249，直接效应bs2=0.687，由于bs1的置信区间为−0.771~−0.011（不包含零），因此可以判定确实存在中介效应。

以上分析说明在省级层面数字普惠金融可以减小城乡收入差距，城乡收入差距的缩小可以刺激经济增长，并且在数字金融促进经济增长的过程中起到部分中介效应，中介效应占总效应的比例为26.60%。该结论从省级层面验证了本书的假设H6成立，即数字普惠金融可以通过减小城乡收入差距促进经济增长。

为了检验城乡收入差距中介效应的稳健性，本书采取以下两种方法：首先，用自变量的滞后一期数据进行回归解决内生性问题；其次，使用"城乡收入差距指数"代替"泰尔指数"作为衡量城乡收入差距的变量。

从表8-15第（1）列可以看到滞后一期数字普惠金融指数在1%的统计水平上对当期经济增长有显著正向影响，第（2）列表明滞后一期数字普惠金融对当期城乡收入差距的减缓有促进作用，第（3）列结果表明滞后一期的数字普惠金融水平的提高和城乡收入差距的减小都对经济增长有正向的促进作用，而且数字普惠金融对经济增长的影响的系数由1.772降到了0.950，且在1%的统计水平上显著，说明城乡收入差距在数字普惠金融对经济增长的影响中具有部分中介作用。

表8-15　城乡收入差距中介效应模型稳健性检验（1）

变量	Y	Theil	Y
	（1）	（2）	（3）
L. IDFI	1.772***	−1.058***	0.950***
	(0.187)	(0.181)	(0.183)

续表

变量	Y	Theil	Y
	(1)	(2)	(3)
L. Theil			−0.573***
			(0.071)
L. LABOUR	−0.464	3.770***	1.025**
	(0.515)	(0.486)	(0.475)
L. INT	−3.065**	2.214**	−0.621
	(1.412)	(1.030)	(1.097)
L. TRADE	0.213	−0.875***	−0.354**
	(0.190)	(0.199)	(0.173)
L. GOV	0.536*	1.010***	1.134***
	(0.289)	(0.294)	(0.257)
L. EDU	−0.610***	0.012	−0.368**
	(0.211)	(0.167)	(0.166)
R^2	0.422	0.698	0.676
N		155	

注：***、**、*分别表示在1%、5%、10%的统计水平上显著，括号中的数值为稳健标准误。

接着，本书借鉴钞小静和沈坤荣（2014）的方法用"城镇居民可支配收入/农村居民可支配收入＝城乡收入差距指数（INCOME）"作为衡量城乡收入差距的指标进行回归。回归结果如表8-16所示。

表8-16　城乡收入差距中介效应模型稳健性检验（2）

变量	Y	INCOME	Y
	(1)	(2)	(3)
IDFI	0.706***	−4.627***	0.679***
	(0.188)	(0.621)	(0.166)
INCOME			−0.117***
			(0.017)
LABOUR	1.901***	10.382***	1.697***
	(0.432)	(1.434)	(0.455)

变量	Y	INCOME	Y
	(1)	(2)	(3)
INT	1.322	38.482***	-1.210
	(1.342)	(5.961)	(1.091)
TRADE	0.387***	1.995***	0.133
	(0.149)	(0.523)	(0.151)
GOV	-0.303	-4.898***	-0.441**
	(0.200)	(0.624)	(0.212)
EDU	-0.504***	-1.968***	-0.299**
	(0.113)	(0.518)	(0.109)
R^2	0.815	0.442	0.656
N		155	

注：***、**、*分别表示在1%、5%、10%的统计水平上显著，括号中的数值为稳健标准误。

从表8-16可以看出，以城乡收入差距指数作为中介变量的分步检验结果：第（1）列表明数字普惠金融对经济增长有显著促进作用，第（2）列显示数字普惠金融在1%的统计水平上可以缩小城乡收入差距，第（3）列表明数字普惠金融水平的提高和城乡收入差距的减小对经济增长有正向显著影响。而且，IDFI的系数从第（1）列的0.706下降到第（3）列的0.679，说明城乡收入差距替代指标在数字普惠金融对经济增长的影响过程中具有部分中介效应。

稳健性检验的结果支持假设H6：省级层面数字普惠金融能够通过减少城乡收入差距促进经济增长。

五、小结

本章运用中介效应模型实证检验数字普惠金融影响经济增长的传导路径。通过对传导路径回归和稳健性检验，本章的研究验证了假设H3~假设H6的可靠性：

（1）数字普惠金融水平的提高和信贷约束的缓解能够促进经济增长，信贷约束在数字普惠金融对经济增长的影响过程中具有中介效应（假设 H3）。

（2）数字普惠金融能够刺激小微企业及个体居民增加创业，进而促进经济增长（假设 H4）。

（3）数字普惠金融水平的提高和投资的增加能够显著推动经济增长，投资是数字普惠金融促进经济增长的中介变量之一（假设 H5）。

（4）数字普惠金融水平的提高能够减少城乡收入差距，城乡收入差距在数字普惠金融对经济增长的影响过程中具有部分中介效应（假设 H6）。

第九章　主要结论和政策建议

一、主要结论

《中国普惠金融创新报告（2020）》指出数字普惠金融已成为当前普惠金融发展的主流，数字科技在金融领域的运用为解决传统普惠金融成本高、效率低、服务不均衡等问题提供了有效的方案。各国及各地区都应抓住这个发展机遇，利用数字普惠金融推动本国及本地区的经济增长。在此背景下，本书旨在通过剖析数字普惠金融对经济增长的影响解决以下问题：①如何评价一个地区的数字普惠金融水平？②数字普惠金融水平的提高是否能够促进本地区及周边地区经济增长？③如果有影响，那么影响机理是什么？数字普惠金融通过哪些路径影响经济增长？因此，本书通过对国内外研究文献进行梳理总结，对上述问题分别从理论和实证两个方面进行深入剖析，得出的主要结论如下：

（1）根据有关数字普惠金融及普惠金融度量的国内外相关文献，结合世界银行、国际货币基金组织等国际金融机构的调查数据和我国数字普惠金融发展的现状，本书构建了可用于跨国比较和国内省级比较的数字普惠金融评价指标体系，对 105 个国家/地区及我国 31 个省（自治区、直辖市）的数字普惠金融水平进行评价。这两个指标体系的建立可以为各国政府或地方政府评判数字金融政策实施效果提供有效的测度工具。

本书采用变异系数法确定指标的权重，然后使用欧氏距离法构建各维度指数和数字普惠金融总指数。由于国际金融机构关于各个居民数字金融产品使用的调查仅公布了2017年的数据，因此本书对105个国家/地区的数字普惠金融发展水平进行评价，测算出2017年这些国家的数字普惠金融指数。测算结果表明：①105个国家/地区的数字普惠金融发展水平差异悬殊，高数字普惠金融水平的国家都是高收入国家。通过分析发现拉开不同收入类型国家数字普惠金融水平的主要原因是不同国家的可接触性和金融素养及能力差别过大。高收入国家的金融机构分布和数字信息基础设施优势使其能够提供种类繁多的传统及数字普惠金融产品，同时这些国家居民金融素养较高，他们具备较强的能力选择使用数字普惠金融产品。供需双方的强有力匹配使高收入国家和中高收入国家数字普惠金融发展迅猛。②进一步在对跨国数字普惠金融指数进行了空间相关性分析后，本书发现这105个国家/地区的数字普惠金融无论是在全局还是在局部都具有空间相关性。西欧及北美地区是典型的高高聚集区域，即该区域各国本身具有较高数字普惠金融水平，同时他们的邻国也是高数字普惠金融。而东非和西亚部分国家则表现为低低聚集区域，这说明这些区域各国数字普惠金融发展普遍落后。

本书利用所构建的省级数字普惠金融水平评价指标体系测算了2013~2017年我国31个省（自治区、直辖市）的数字普惠金融指数，以此来评估我国近年来数字普惠金融发展的实际情况，根据测算结果得到以下结论：①各省份的数字普惠金融发展水平在这五年内都保持了稳定增长的态势，其中北京、上海、广东、浙江、山东和江苏稳居前六位。具体探寻排名变化的原因，本书发现移动电话普及率、互联网普及率、电子支付业务的提升能够极大地推动本地区数字普惠金融水平的提高。②省级数字普惠金融水平在全局和局部都存在空间相关性。江苏、浙江和上海属于高高聚集区，内蒙古、新疆和甘肃属于低低聚集区。

（2）本书从理论层面剖析数字普惠金融影响经济发展的机理发现，数字普惠金融对经济增长的影响通过对金融部门的驱动效应、对居民及生产部门的驱动效应和对社会公平的驱动效应实现。本书运用内生经济增长理论构建了数字普惠金融影响经济增长的理论模型，并提出数字普惠金融影响经济增长的传导途径有信贷约束、创业、投资和城乡收入差距。

（3）从时间维度实证数字普惠金融对经济增长有正向显著影响，具体结论如下：

1）采用传统计量分析方法分别从跨国层面和我国省级层面证明一个地区数字普惠金融对本地区经济增长有正向影响，而且这一影响具有异质性。在跨国层面，高收入国家数字普惠金融对经济增长的促进作用非常显著，中高收入国家的显著性下降，而在中低收入国家和低收入国家数字普惠金融对经济增长没有显著影响。

2）在省级层面，东部地区和西部地区的数字普惠金融对经济增长影响非常显著，中部地区不显著。东部地区的数字普惠金融产品的可接触性、使用性及居民的金融素养都能够对经济增长产生推动作用。在中部地区可接触性和使用性对经济增长影响不显著，西部地区金融素养对经济增长没有显著影响。

（4）从空间维度实证数字普惠金融发展水平对经济增长的影响有正向空间溢出效应，具体结论如下：

1）运用空间杜宾模型实证一个国家或地区的数字普惠金融发展会对相邻国家或地区的经济增长产生正的空间溢出效应。一个国家或地区的金融可接触性和居民的金融素养不仅会推动本国或地区经济增长，还会促进与其相邻国家的经济增长，但是一个国家或地区居民金融产品的使用性对相邻国家或地区经济增长影响不显著。

2）省级层面的空间模型分析结果表明一省数字普惠金融能够对周边省份的经济增长产生正的空间溢出效应，其中可接触性对相邻省份经济增长的空间溢出效应最大，其次是使用性，金融素养对周边省份经济增长的影响不显著。通过分解空间杜宾模型的直接/间接效应，发现我国中部和西部地区一省数字普惠金融水平对周边省份经济增长有显著的正空间溢出效应，东部地区影响不显著。

本书从空间视角分析数字普惠金融对周边地区经济增长的影响，该结论完善了现有研究并为政府制定国际或区域数字普惠金融合作提供了理论基础。

（5）实证结果表明，信贷约束、创新、投资和城乡收入差距在数字普惠金融影响经济增长的过程中具有中介效应，稳健性检验结果支持。

二、政策建议

由于数字普惠金融由可接触性、使用性和金融素养三个维度组成，因此这三方面的提升必定会促进经济增长，本书将就如何通过提升金融产品可接触性、增加使用性和提高居民金融素养提出对策建议。另外，因为数字普惠金融能够通过信贷约束、创业、投资和城乡收入差距推动经济增长，所以本书还将对如何疏通传导路径提出相应建议。

1. 加强信息基础设施建设，实现金融产品可接触

互联网的蓬勃发展离不开完善的网络基础设施。互联网和移动设备解决了传统普惠金融存在的最大障碍——可接触性问题，它们充分弥补了传统金融机构设立分支机构、提供人工服务成本过高的缺陷。数字普惠金融指数较低的国家尤其是可接触性分指数得分较低的国家可以学习肯尼亚和中国的经验，加大对可获取和可负担的数字基础设施的投资，为金融服务不足的人群提供更多的数字金融服务，借助互联网和移动技术跨越传统金融存在的成本障碍，推广数字金融产品及服务改善数字普惠金融。国际电信联盟最近对全球移动语音、移动数据和固定宽带服务价格进行的分析显示，价格可承受性可能并非互联网普及的唯一障碍，缺乏数字技能、低质互联网连接等其他因素也可能会影响互联网的有效使用。因此在加大互联网覆盖率的同时，各国应将提高互联网连接质量（高速宽带）作为重要任务。

另外，根据 Mutsonziwa 和 Maposa（2016）的研究每增加 20% 的新兴通信技

术投入，就可提升 1% 的 GDP 增长。从 ICT 投资 GDP 的占比来看，发达国家的投资比例大概是 5%，是整个发展中经济体的 2.5 倍。因此，发展中国家迫切地需要加大数字基础设施投资，完善骨干光缆网，强化互联互通。与此同时，由于基础设施的建设发展和互联网的应用创新、互联网企业的发展紧密相接，是一个系统工程，各国应该制定数字经济发展战略，这些战略不仅要聚焦于基础设施，也要聚焦于基础设施作用于经济社会的各个方面所需要的政策。

在我国，随着 4G 网络的普及，移动网络速度加快，流量收费也大幅下降，加上我国手机用户的增长和微信等即时通话软件的普及，我国移动互联网流量增速迅猛，但是区域发展不平衡的问题仍然严重。东西部差距和城乡差距依旧是我国数字普惠金融发展以及可接触性发展亟待解决的问题。未来国内基础电信企业应继续加大对网络基础设施投资力度，推动实现高速光纤宽带网络的城乡全面深入覆盖，缩小城乡"数字鸿沟"。加快百兆家庭宽带普及，推进千兆宽带试点，不断推动我国固定宽带网络向国际领先水平演进升级。同时，应构建多维度高品质的宽带网络和监管体系以促进宽带网络和业务的持续健康发展，实现提速提质普惠民生。

各省份在完善信息基础建设的同时在互联网应用创新方面应鼓励互联网金融机构和传统金融机构通过移动应用让偏远地区的客户足不出户登录 App 进行收汇款、投资及贷款。此外，传统金融机构还可利用自身数据优势，拓展渠道和场景，在提供线上业务的同时利用物理网点为客户提供面对面服务，做好客户营销活动。尽量简化流程和服务，让那些被传统金融体系排斥的客户能够更好地了解相关产品。

2. 鼓励产品创新，提高金融产品使用性

近年来，无论是发达国家还是发展中国家，无论是政府还是金融企业都致力于数字普惠金融的制度创新与技术创新，力图通过数字技术推动普惠金融体系的不断完善。各国发展数字普惠金融的主要目标是为了给更多的低收入人群和中小企业提供金融产品及服务，因此可以借鉴肯尼亚和美国等国的成功经验，将"费用低廉""使用门槛低""操作简单"作为数字普惠金融产品创新的核心。

（1）肯尼亚的实践经验。

肯尼亚的数字普惠金融创新主要解决了许多没有银行账户的客户的需求。肯尼亚移动运营商 Safaricom 推出了一款名叫 M-PESA 的金融服务产品。只要用户使用一部最普通的手机在 Safaricom 进行注册后就可以用手机快速进行转账汇款，不需要现金也不需要用户有银行账户，更不需要去任何金融机构，收款人只需出示转账短信就可以在 M-PESA 的任何一个代理点取出现金。目前 M-PESA 在肯尼亚的成年人用户占到了全国成年人口的 90% 以上，13 万个存取款点，几乎全国所有的大中小商铺都支持使用，总体流水占肯尼亚 GDP 的近 40%，直接创造近 20 万人就业。

（2）美国的实践经验。

美国的数字普惠金融创新主要体现在 Fin-tech 领域，包括了贷款、支付、众筹、电子货币、金融机构服务、股票交易等。全球第一家互联网银行——美国安全第一网络银行于 1995 年在美国成立，这家银行与众不同之处在于它没有物理网点，所有银行业务都是通过互联网向客户提供，该银行凭着强大的成本优势和便捷的网络优势跻身美国十大银行。另一个有特色的金融机构 MoneyLion 作为一家为个人用户提供金融服务的平台于 2013 年在纽约成立，它专门为年收入少于10 万美元的群体提供完整的金融工具。

从上面的介绍可以看到无论是 Safaricom 还是 MoneyLion，它们能够吸引低收入人群的主要原因是门槛低且费用廉。一方面，即便只有几十元也可以给异地进行便捷的汇款，只要有几百元这些数字金融供应商就能够为客户提供专业的个人贷款、金融产品的个性化建议，产品的匹配能够使各类客户无须掌握过多的金融知识便可独立进行资金管理。另一方面，客户可以通过移动应用充分利用空闲时间对闲散资金进行理财以提高投资效率。因此各国的金融机构可以利用自身的技术即网络优势，通过智能算法、机器学习降低服务成本并为低收入人群提供针对性服务。

此外，各国政府可通过数字技术合作推动整个区域的经济增长。根据本书的结论各国经济增长和数字普惠金融都具有强烈的空间相关性，在局部上表现为"高高空间集聚"和"低低空间集聚"。从空间杜宾模型回归结果可以看出一国数字普惠金融的发展可以显著地促进本国经济增长，并对周边各国的经济增长产生显著的正向空间溢出效果。因此，各国政府为了推动本国经济增长一方面要提高本国的数字普惠金融水平，另一方面应该提高本国的经济开放程度以吸收来自周边国际社会的数字普惠金融影响。全球金融市场协同发展能够帮助低数字普惠金融水平国家分享来自高数字普惠金融水平国家的空间溢出效应。由于数字普惠金融水平的提高能够在促进本国经济增长的同时通过空间溢出效应影响周边国家带动区域经济增长，因此开放与合作是促进地区经济增长的必经之路。

中国各省份在鼓励金融产品创新时应该将重点放在农村地区。目前我国推广数字金融的基础较为扎实但是仍存在发展不均衡的问题，这一问题也严重制约着数字普惠金融在偏远地区的推广。截至 2019 年 6 月，我国农村网民约 2.25 亿，占全体网民的 26%，非网民规模为 5.41 亿，其中农村地区非网民占比为 62.8%，这些居民不上网的主要原因是没有机会接触互联网。与此同时，相较于城市网民，我国农村网民增速一直较慢，2016 年 6 月甚至首次出现农村网民规模下降的状况。这一方面是由于中国快速的城镇化发展使农村人口逐步减少，另一方面是由于部分农村地区经济状态与外部联络较低，农村居民上网意愿较弱，对这部分非网民群体的普惠金融服务很难通过数字化方式达到，仍需在传统金融机构的线下网点实施。

因此针对农村用户，应充分发挥不同类型金融产品及服务提供者的作用，在风险可控的前提下，鼓励开发创新型数字普惠金融产品以满足不同用户的需求。针对农户小额贷款可加大各类农户贷的宣传力度，将数字普惠金融普及到每一个角落。在偏僻地区应持续布点自助取款机，首先解决农村地区物理网点不足的问题，提升农村客户的金融服务便利性；其次逐步开展农村地区尤其是偏僻地区的银行卡服务业务，以满足尾部客户需求。同时应继续推广数字支付深挖农村业务市场实现"双赢"。

3. 系统宣传金融知识，提升居民金融素养水平

数字普惠金融指数中金融素养分指标得分较低的国家应该把提高居民金融素养水平作为提升数字普惠金融的重要手段。Shen 等（2020）的研究表明金融素养对实现普惠金融具有重要作用，因此金融素养水平是实现数字普惠金融的可靠保障。由于金融素养水平高的居民有更多机会接触和使用金融产品和金融服务，进入移动互联网时代后金融素养水平高的居民更易于使用互联网和移动设备，并接触数字金融产品和服务。而金融素养决定了居民金融决策能力，因此他们在选择数字金融产品和进行风险管理时具有更强的优势。各国政府应该建立一套覆盖居民一生的金融素养培养体系，这样可以让居民通过了解金融产品特性根据自身情况选择适合自己或家庭的金融产品。同时，各类金融机构也可以利用自身的平台对客户进行基本金融常识的普及教育，让客户培养利用合规的金融产品及服务提升抵御金融风险的能力。

我国农村地区非网民不上网的部分原因是由于文化程度受限制根本不懂如何上网或者通过网络获取信息。因此在我国，政府层面需要把提高教育水平和提高居民金融素养作为公民教育的一部分内容，从小培养公民的金融意识。早在2003年12月美国就通过了《公平交易与信用核准法案》，其中第五项"金融素养与教育促进条例"提出将金融素养与教育安排在美国高中教育中。我国也可以实施针对性的"金融素养普及提升项目"建立金融教育体系，针对不同群体设计不同的教育形式：如针对在校学生开设"金融知识课堂教育"，针对已经工作的居民推出"金融在线网络课程"，针对退休人员组织"社区金融讲座"，在偏远地区开展"金融及互联网知识普及教育"等，通过全方位提供给居民金融知识提升其金融素养，在帮助其提高对金融产品及服务进行有效甄别及选择的同时，提高金融风险防范能力。

与此同时，互联网也有助于提升居民金融素养水平。虽然根据 Shen 等（2020）的研究结论"互联网使用"对普惠金融没有显著性影响，但是它联合数字金融产品使用在金融素养与普惠金融之间起链式中介作用，并且通过数字金融

产品使用对普惠金融产生间接影响。在金融素养和数字金融产品真正能够对普惠金融产生效果之前，首先需要解决的障碍是居民对金融知识及金融产品的接触问题，而互联网的使用就可以很好地解决这一问题。因此我国政府可以通过加强互联网基础设施建设提高互联网普及率，一方面传播金融知识提高投资者金融素养，另一方面让普通居民尤其是偏远地区的居民能够接触了解数字金融产品，双管齐下促进数字普惠金融发展。这方面可以学习瑞士、韩国等国的实践经验，通过免费发放手机、降低上网费用甚至在偏远地区免费提供互联网的方式提高互联网普及率。这一方法可以配合前面所提到的"金融素养普及提升项目"边培训边推广，通过互联网普及和金融素养的提高相互作用共同推进金融普惠。

4. 完善数字普惠金融市场环境，确保传导路径畅通

第七章的研究结论表明要想实现数字普惠金融对经济增长的有效推动作用必须确保信贷约束、创业、投资和城乡收入差距这些传导路径的畅通。这就需要各国从宏观上构建数字普惠金融战略体系，制定区域差异化数字普惠金融政策，建设一个完善的数字普惠金融市场。

（1）构建数字普惠金融体系顶层设计。

根据世界银行、G20等国际机构的倡议，各国应该在国家层面构建符合本国国情的普惠金融战略体系。比如巴西、墨西哥等国就成立了专门机构"普惠金融国家委员会"（CONAIF）、"全国普惠金融委员会"（PNIF），其主要职能是制定并实施普惠金融国家规划及相关政策。相较而言，我国目前慢了一步，还没有建立相应的普惠金融顶层组织领导体系，仅有行业或企业小范围内的普惠金融促进部门，如中国银保监会普惠金融部、中小企业协会普惠金融促进工作委员会、中国建设银行普惠金融发展委员会及普惠金融事业部，这些机构在推进金融普惠的过程中职责比较分散，不同部门之间缺乏有效协调沟通机制和可以遵循的相关制度法律。在我国数字技术快速发展的背景下，针对数字普惠金融国家层面应有专门的机构制定数字普惠金融发展方案监督实施效果，并尽力消除各类制度的障碍，形成一个能够实现全覆盖、低成本、可持续的数字普惠金融战略体系。

数字普惠金融持续发展的一个必要前提是要构建一个让参与其中的金融机构能够实现商业可持续的监管环境。监管当局的支持和可靠的安全措施能够确保资金的安全，让低收入人群敢于接受并使用数字普惠金融产品。因此，监管层应该在金融监管体系中明确数字普惠金融机构的监管主体及其相应的监管职责，并确立科学合理的监管标准，以解决新型数字、互联网金融机构发展过程中所面临的监管主体不当或不明确的现实问题。

从各国的实践经验来看，数字普惠金融的创新与发展离不开严格的政府监管和灵活的调控。我国可参考世界银行扶贫协商小组（CGAP）的指导方向建立"比例监管"体系，该组织指出各国监管部门必须根据数字金融产品供应商的业务模型、复杂性和风险状况进行灵活的调整，否则监管可能会施加过多的合规成本，从而影响供应商的积极性扼杀其创新力。因此，针对特定的金融产品和服务设计灵活的监管模式，实现监管多样化是我国数字普惠金融监管今后发展的方向。

（2）制定区域差异化数字普惠金融政策。

根据第三章数字普惠金融发展水平测度结果可以看出，我国各省的数字普惠金融发展水平差距明显，第五章研究结论表明不同地区内数字普惠金融对经济增长的影响也有很大不同，因此东中西部各地区应根据自身情况制定相应数字普惠金融政策以推动经济增长：①西部地区各省份在金融产品可接触性方面亟待提高，因此，可以对西部地区给予政策倾斜，紧抓数字技术数字金融飞速发展的新机遇，让数字普惠金融在西部地区经济增长中充分发挥作用。西部各省份在制定金融政策时也应积极利用数字金融低成本高效率的特性弥补传统金融覆盖率的不足，以数字普惠金融的发展作为推动当地及周边省份经济增长的重要力量。②虽然中部地区的数字普惠金融水平比西部地区高，但是和东部相比仍有很大差距，从本书的研究结论可以发现中部地区数字普惠金融对经济增长的影响不显著，这说明中部地区省份还应在政策制定时充分发挥数字金融产品的优势，推广数字金融产品的普及使用，同时鼓励金融产品的创新，利用数字普惠金融的空间溢出效应促进本区域及邻近区域经济共同发展。③东部地区整体数字普惠金融水平较高，但是各省份之间差距较大，而且该地区数字普惠金融对经济增长影响的空间溢出效应不显著，因此东部地区各省份在制定经济增长政策时不仅要考虑政策对本省份的影响，还要考虑对邻近省域的影响。

与此同时，为了加强区域间的相互影响，各省市应该加强区域交流合作，消除行政壁垒，利用各区域比较优势最大限度发挥数字普惠金融对经济增长的推动作用。

（3）保护数字普惠金融消费者，完善法律体系。

数字普惠金融的服务对象是金融消费者，国际上，针对数字普惠金融服务的消费者保护起步较早，如2008年美国国际发展署发起的"SMART运动"帮助小额信贷机构在开展智能化业务过程中注重保障金融消费者权益。《G20数字普惠金融高级原则》提出了数字普惠金融领域的消费者保护原则：一是需要设计出适合低文化水平消费者的产品，避免"数字鸿沟"；二是需要以消费者可以理解的方式，充分、及时地传达产品和服务的信息；三是注重数字隐私保护，充分保障个人数据不受他人侵犯、使用及支配。

尽管我国在人民银行和银保监会、证监会都成立了消费者（投资者）保护部门，但是多头消保机构并存容易引发政出多门，导致监管资源浪费。多头监管经常引发投诉扯皮、职责不清和责任推诿问题，对不同类型金融机构的产品及服务监管标准不统一，加之"分业监管机构"的协调与统合能力较弱，金融消费者权益很难得到切实有效的保护。因此，我国有必要对现行金融消费者保护机构进行改革，成立一个全国统一的金融消费者保护机构，统一各地区金融消费者权益保护标准，推行全国统一的金融消费纠纷解决机制（包括消保投诉过程、审理程序和收费标准），为保护金融市场参与者的权利提供有力的制度保障。

与此同时，我国应加快修订人民银行法等相关法律法规，尽早出台个人信息安全保障法，建立并完善专门保护金融消费者权益的相关法律法规。数字金融产品的提供商应该确保完善的产品销售及售后保障服务，出现纠纷应积极主动处理，当弱势群体在获取数字普惠金融产品及服务的过程中遇到侵权行为时，其合法权益能够得到相应的保障。例如，在出现代理商不当行为时可以要求提供产品的金融机构承担主要责任；在遇到单个服务商无法解决消费者诉求时，可以请行业协会介入以提升消费者对数字金融产品的信任。

（4）完善数字普惠金融产品市场。

针对信贷约束这个传导路径，政府可以鼓励金融机构通过金融产品创新降低成本，扩大服务范围，也可以扶持小额贷款公司和担保机构利用数字技术实现数字化转型，真正实现为小微企业和个人服务的目标，缓解小微企业和个人的融资约束。

针对创新型创业企业，应该拓宽企业的融资渠道，引导互联网金融的健康发展，加强对网络借贷平台和众筹的监管与规范，鼓励数字普惠金融领域融资模式的创新，为创业者提供更有力的资金支持。针对有创业意向的家庭或个人，政府可设立专门机构为他们提供技术及相关政策的辅导，帮助他们实现高质量的创业，达到数字普惠金融"以创业解决就业"这一目标。

投资需求的满足和投资效率的提高需要金融机构的信贷支持。数字普惠金融的发展通过鼓励传统金融机构、规范互联网金融机构，可以为小微企业和居民提供更多金融产品作为投资选择，同时也能够提供很多与互联网金融有关的新的投资项目以吸引他们进行投资。因此，我国互联网金融发展过程中出现的问题宜疏不宜堵，互联网借贷平台、众筹平台、互联网保险都应该通过法规及监管制度的不断完善而予以鼓励发展。

城乡收入差距的减小受众多因素的影响，数字普惠金融主要是通过缓解信贷约束帮助个人及家庭实现流动性，鼓励创业解决就业增加收入，提供更多投资机会实现家庭及个人资产保值增值，利用数字技术增加农民收入缩小城乡差距。因此为了增加农民收入，金融机构在设计金融产品时应该因地制宜结合农村市场的特点，结合农村客户的特征，才能最终实现金融普惠。

综上所述，为了确保通过数字普惠金融促进经济增长这一目标的有效实现，各国政府必须重视发展数字普惠金融，完善数字普惠金融政策及相关法律法规，建设数字普惠金融市场，以确保每个传导路径的畅通。

三、研究局限与展望

尽管本书系统地讨论了数字普惠金融对经济增长影响的理论基础和作用机理，并且深入分析了跨国层面及省级层面数字普惠金融的发展对本地区及周边地区经济增长的影响，以及传导路径，得到了较为可靠的结论。但是仍然存在以下两方面的局限：

（1）数字普惠金融指标体系仍需继续完善。

本书构建的跨国数字普惠金融指标体系主要使用了世界银行和国际货币基金组织的调查数据，随着不同国际机构围绕数字金融产品调查的展开可以再增加一些与数字普惠金融有关的指标。

随着我国各类金融机构数据的不断公开，本书构建的省域数字普惠金融指标体系也可以继续增加有关银行业、保险业、证券业及互联网金融机构的指标，并且可以展开市级甚至县级数字普惠金融水平的评价。

（2）计量分析需更加深入。

由于国际货币基金组织和世界银行目前只有 2017 年有关移动货币和数字金融的调查数据，因此本书对各国数字普惠金融水平的评价仅进行了这一年的截面数据分析。随着三年一次的调查不断展开，大量数据的不断获取将能够支持跨国研究的纵向对比分析。

此外，本书仅探讨了空间依赖规律性中的空间自相关和空间溢出性，空间依赖规律性的异质性问题尚有待进行进一步的探讨。本书实证研究中只使用了五个控制变量，遗漏变量可能会造成研究结果的不准确，在今后的研究中可以再调整控制变量以期得到更加可靠的结果。

参考文献

［1］ Adusei M. Does Entrepreneurship Promote Economic Growth in Africa? ［J］. African Development Review, 2016, 28 （2）: 201-214.

［2］ Aghion P., Patrick B. A Theory of Trickle-Down Growth and Development ［J］. Review of Economics Studies, 1997 （64）: 151-172.

［3］ Aker J. C., Mbiti I. M. Mobile Phones and Economic Development in Africa ［J］. Journal of Economic Perspectives, 2010, 24 （3）: 207-232.

［4］ Al-Rfou A. N. The Usage of Internet Banking Evidence from Jordan ［J］. Asian Economic and Financial Review, 2013, 3 （5）: 614-623.

［5］ Allen F., Demirguc-Kunt A., Klapper L., et al. The Foundations of Financial Inclusion: Understanding Ownership and Use of Formal Accounts ［J］. Journal of Financial Intermediation, 2016 （27）: 1-30.

［6］ Allen F., Qian J., Qian M. Law, Finance, and Economic Growth in China ［J］. Journal of Financial Economics, 2003, 77 （1）: 57-116.

［7］ Alpana V. Promoting Financial Inclusion: An Analysis of the Role of Banks ［J］. Indian Journal of Social Development, 2009 7 （1）: 107-126.

［8］ Ambarkhane D., Singh A. S., Venkataramani B. Developing a Comprehensive Financial Inclusion Index ［J］. Management and Labour Studies, 2016, 14 （3）: 216-235.

[9] Anand S. , Kodan K. , Kuldip S. C. A Theoretical and Quantitative Analysis of Financial Inclusion and Economic Growth [J] . Management and Labour Studies, 2012 (2): 103-133.

[10] Andrianaivo M. , Kpodar K. ICT, Financial Inclusion, and Growth: Evidence from African Countries [R] . IMF Working Paper, 2011.

[11] Andrianaivo M. , Kpodar K. Mobile Phone, Financial Inclusion, and Growth [J] . Review of Economics and Institutions, 2012, 3 (2): 1-30.

[12] Ang J. B. Finance and Inequality: The Case of India [R] . CAMA Working Papers, 2008.

[13] Anselin L. , Florax R. J. G. M. Small Sample Properties of Tests for Spatial Dependence in Regression Models: Some Further Result [J] . New Directions in Spatial Econometrics, 1995 (25): 21-74.

[14] Aportela F. Effects of Financial Access on Savings by Low-Income People [D] . MIT Department of Economics Dissertation , 1999.

[15] Arent D. J. AR5 Climate Change 2014: Impacts, Adaptation, and Vulnerability [EB/OL] . www. ipcc. ch, 2015.

[16] Arora R. U. Access to Finance: An Empirical Analysis [J] . The European Journal of Development Research, 2014 (26): 798-814.

[17] Ashraf N. , Aycinena C. , Martinez A. , et al. Remittances and the Problem of Control: A Field Experiment among Migrants from El Salvador [J] . Working Paper, 2011, 58 (101): 1554-1559.

[18] Ashraf N. , Karlan D. , Yin W. Female Empowerment: Further Evidence from a Commitment Savings Product in the Philippines [J] . World Development, 2010, 28 (3): 333-344.

[19] Atif S. M. , Endres J. , Macdonald J. Broadband Infrastructure and Economic Growth: A Panel Data Analysis of OECD Countries [R] . MPRA Paper, 2012 (42177).

［20］ Avi G. , Catherine T. Digital Economics ［J］. Journal of Economic Literature, 2019 （57）: 3-43.

［21］ Ayyagari M. , Demirguc-Kunt A. , Vojislav M. Formal versus Informal Finance: Evidence from China ［J］. Review of Financial Studies, 2010 （8）: 3048-3097.

［22］ Banerjee A. , Duflo E. , Glennerster R. , et al. The Miracle of Micro-finance? Evidence from a Randomized Evaluation ［R］. MIT Bureau for Research and Economic Analysis of Development Working Paper, 2010.

［23］ Banerjee A. , Newman A. Occupational Choice and the Process of Development ［J］. Journal of Political Economy, 1993 （101）: 274-298.

［24］ Baptista R. , Madruga P. , Escaria V. Entrepreneurship, Regional Development and Job Creation: The Case of Portugal ［J］. Small Business Economics, 2008, 30 （1）: 49-58.

［25］ Baron R. M. , Kenny D. A. The Moderator-mediator Variable Distinction in Social Psychological Research Conceptual, Strategic, and Statistical Considerations ［J］. Journal of Personality & Social Psychology, 1986 （51）: 1173-1182.

［26］ Barro R. J. Determinant of Economic Growth: A Cross-country Empirical Study ［R］. NBER Working Paper 1996, 5698 （8）.

［27］ Barro R. J. Inequality and Growth in a Panel of Countries ［J］. Journal of Economic Growth, 2000, 5 （1）: 5-32.

［28］ Baumol W. J. Entrepreneurship: Productive, Unproductive and Destructive ［J］. Journal of Political Economy, 1990, 98 （5）: 893-921.

［29］ Beck T. Finance and Growth: Lessons from the Literature and the Recent Crisis ［R］. Prepared for the LSE Growth Commission, 2012: 31-32.

［30］ Beck T. , Demirguc-Kunt A. , Levine R. Finance, Inequality and Poverty Alleviation: Cross-country Evidence ［R］. World Bank Policy Research Working Paper, 2004.

[31] Beck T. , Demirguc-Kunt A. , Peria M. S. M. Reaching out: Access to and Use of Banking Services across Countries [J] . Journal of Financial Economics, 2007 (85): 234-266.

[32] Beck T. , Demirguc-Kunt A. Small and Medium Size Enterprises: Access to Finance as a Growth Constraint [J] . Journal of Banking and Finance, 2006 (30): 2931-2943.

[33] Beck T. , Pamuk H. , Ramrattan R. , et al. Mobile Money, Trade Credit and Economic Development: Theory and Evidence [R] . Social Science Electronic Publishing, 2015.

[34] Bittencourt M. Financial Development and Inequality: Brazil 1985 - 1994 [J] . Economic Change & Restruct uring, 2010 (43): 113-130.

[35] Bjork G. C. The Way It Worked and Why It Won't: Structural Change and the Slowdown of US Economic Growth [M] . Greenwood Publishing Group, 1999: 258-267.

[36] Bogan V. Stock Market Participation and the Internet [J] . Journal of Financial & Quantitative Analysis, 2008 (43): 191-211.

[37] Calvet L. , Campbell J. , Sodini P. Measuring the Financial Sophistication of Households [J] . American Economic Review, 2009 , 99 (2): 393-398.

[38] Caruana J. Digital Financial Inclusion: Implications for Customers, Regulators, Supervisors, and Standard-Setting Bodies [J] . CGAP Brief, 2015 (2): 1-7.

[39] Chakravarty S. R. , Pal R. Financial Inclusion in India: An Axiomatic Approach [J] . Journal of Policy Modeling, 2013 (35): 813-837.

[40] Charkravarty S. R. , Pal R. Measuring Financial Inclusion: An Axiomatic Approach [R] . Indira Gandhi Institute of Development Research Working Paper, 2010.

[41] Chattopadhyay S. K. Financial Inclusion in India: A Case-study of West Bengal [R] . Mpra Paper, 2011.

［42］ Chen H. Development of Financial Intermediation and Economic Growth: The Chinese Experience ［J］. China Economic Review, 2006 (17): 347-362.

［43］ Cheng X. Q. , Hans D. The Impact of Bank and Non-bank Financial Institutions on Local Economic Growth in China ［J］. Journal of Financial Service Research, 2010 (37): 179-199.

［44］ Cohen M. , Nelson C. Financial Literacy: A Step for Clients towards Financial Inclusion ［R］. Global Microcredit Summit Commissioned Workshop Paper, 2011.

［45］ Crnoga K. , Rebernik M. , Hojnik B. B. Supporting Economic Growth with Innovation-oriented Entrepreneurship ［J］. Ekonomicky Casopis, 2015, 63 (4): 395-409.

［46］ Cull R. Banking the World: Empirical Foundations of Financial Inclusion ［M］. Mit Press Books, 2013.

［47］ Cumming D. , Hornuf L. The Economics of Crowdfunding: Startups, Potalsand Investor Behavior ［M］. Palgrave Macmillan, 2018: 151-182.

［48］ Czernich N. , Falck O. , Kretschmer T. Broadband Infrastructure and Economic Growth ［J］. The Economic Journal, 2011 (121): 505-532.

［49］ Deininger K. , Lyn S. A New Data Set Measuring Income Inequality ［J］. World Bank Economics Reviews, 1996, 10 (3): 565-591.

［50］ Demirguc-Kunt A. , Beck T. Finance for All? Policies and Pitfalls in Expanding Access ［R］. World Bank Working Paper, 2011.

［51］ Demirguc-Kunt A. , Huizinga H. Determinants of Commercial Bank Interest Margins and Profitability: Some International Evidence ［J］. The World Bank Economic Review, 1998, 13 (2): 379-408.

［52］ Diamantopoulos A. , Winklhofer H. M. Index Construction with Formative Indicators: An Alternative to Scale Development ［J］. Journal of Marketing Research, 2001, 38 (2): 269-277.

[53] Dupas P. , Robinson J. Savings Constraints and Micro-enterprise Development: Evidence from a Field Experiment in Kenya [R] . National Bureau of Economic Research Working Paper, 2009, No. 14693.

[54] Dupas P. , Robinson J. Why Don't the Poor Save More? Evidence from Health Savings Experiments [J] . NBER Working Papers, 2011, 103 (4): 1138-1171.

[55] Elhorst J. P. , Piras G. , Arbia G. Growth and Convergence on a Multireginoal Model with Space-time Dynamic [J] . Geographic Analysis, 2010 (42): 338-355.

[56] Ertur C. , Koch W. Growth, Technological Interdependence and Spatial Externalities: Theory and Evidence [J] . Journal of Applied Econometrics, 2007 (22): 1033-1062.

[57] Etim A. C. Mobile Banking and Mobile Money Adoption for Financial Inclusion [J] . Research in Business and Economics Journal, 2014 (9): 1-13.

[58] Evans D. S. , Jovanovic B. An Estimated Model of Entrepreneurial Choice under Liquidity Constraints [J] . Journal of Political Economy, 1989, 97 (4): 808-827.

[59] Fernande P. The Role of Self Help Affinity Groups in Promoting Financial Inclusion of Landless and Marginalsmall Farmers [C] . Rural Management Systems Series Paper, 2006, 46.

[60] Frederic S. Local and Systemic Entrepreneurship: Solving the Puzzle of Entrepreneurship and Economic Development [J] . Entrepreneurship Theory & Practice, 2013, 37 (2): 387-402.

[61] FUNGÁČOVÁ Z. , Weill L. Understanding Financial Inclusion in China [J] . China Economic Review , 2015 (34): 196-206.

[62] Fuster A. , Plosser M. , Schnabl P. , et al. The Role of Technology in Mortgage Lending [J] . The Review of Financial Studies, 2019, 32 (5): 1854-

1899.

[63] Gabor D. , Brooks S. The Digital Revolution in Financial Inclusion: International Development in the Fintech Era [J] . New Political Economy, 2016 (22): 423-436.

[64] Galor O. , Zeira J. Income Distribution and Macroeconomics [J] . The Review of Economic Studies, 1993 (60): 35-52.

[65] Geda A. , Shimeles A. , Zerfu D. Finance and Poverty in Ethiopia: A Household Level Analysis [M] . Palgrave Macmillan UK, 2008.

[66] Germana C. , Luisa C. Inclusive Finance for Inclusive Growth and Development [J] . Current Opinion in Environmental Sustainability, 2017 (24): 19-23.

[67] Global Standard Setting Bodies and Financial Inclusion for the Poor: Towards Proportionate Standards and Guidance [EB/OL] . www. cgap. org.

[68] Goldsmith R. W. See His Financial Structure and Development [M] . New HACCEn, Yale University Press, 1969.

[69] Grossman J. , Tarazi M. Serving Smallholder Farmers: Recent Developments in Digital Finance [J] . Focus Note, 2014 (6): 1-16.

[70] Guo F. , Kongs S. T. , Wang J. Y. General Patterns and Regional Disparity of Internet Finance Development in China: Evidence from the Peking University Internet Finance Development Index [J] . China Economic Journal, 2016 (9): 253-271.

[71] Gupte R. , Venkataramani B. , Gupta D. Computation of Financial Inclusion Index for India [J] . Social and Behavioral Sciences, 2012 (37): 133-149 .

[72] Harrod R. F. An Essay in Dynamic Theory [J] . The Economic Journal, 1939 (49): 14-33.

[73] Hasan I. , Wachtel P. , Zhou M. M. Institutional Development, Financial Deepening and Economic Growth: Evidence from China [J] . Journal of Bank and Finance, 2009 (33): 157-170.

[74] Hellwig M. Banking, Financial Intermediation and Corporate Finance [J] .

European Financial Integration, 1991 (35): 63.

[75] Honohan P. Financial Development, Growth and Poverty: How Close are the Links? [M] . London: PalgrACCE, 2004.

[76] http: //www. digitalfinanceinstitute. org.

[77] http: //www. gov. cn.

[78] http: //www. undp. org.

[79] http: //www. woldbank. org.

[80] Huston S. J. Measuring Financial Literacy [J] . The Journal of Consumer Affairs, 2010 , 44 (2): 296-316.

[81] Ilyina A. , Samaniego R. Technology and Financial Development [J] . Journal of Money, Credit and Banking, 2011, 43 (5): 899-921.

[82] Islam A. , Muzi S. , Meza J. L. R. Does Mobile Money Use Increase Firms' Investment? Evidence from Enterprise Surveys in Kenya, Uganda and Tanzania [J] . Small Business Economics, 2018 (51): 687-708.

[83] Jappelli T. , Padula M. Investment in Financial Literacy and Saving Decisions [J] . Journal of Banking & Finance, 2013, 37 (8) : 2779-2792.

[84] José L. , González-Pernía, Pena-Legazkue I. Export-oriented Entrepreneurship and Regional Economic Growth [J] . Small Business Economics, 2015, 45 (3): 505-522.

[85] Kaplan S. N. , Zingales L. Do Investment-Cash Flow Sensitivities Provide Useful Measures of Financing Constraints? [J] . Quarterly Journal of Economics, 1997 (112): 169-215.

[86] Karlan D. , Zinman J. Expanding Credit Access: Using Randomized Supply Decisions to Estimate the Impacts [J] . Review of Financial Studies, 2010 (23): 433-464.

[87] Kempson E. , Whyley C. Understanding and Combating Financial Exclusion [J] . Insurance Tends, 1999, 2 (1): 18-22.

[88] Kim D. W. , Yu J. S. , Hassan M. K. Financial Inclusion and Economic Growth in OIC Countries [J] . Research in International Business and Finance, 2018 (43): 1-14.

[89] King R. G. , Levine R. Finance and Growth: Schumpeter Might Be Right [J] . Quarterly Journal of Economics, 1993 (108): 717-737.

[90] Klapper L. , Panos G. A. Financial Literacy and Retirement Planning: The Russian Case [M] . Cambridge University Press, 2011.

[91] Königsheim C. , Lukas M. , Nöth M. Financial Knowledge, Risk Preferences, and the Demand for Digital Financial Services [J] . Schmalenbach Business Review, 2017 (18): 343-375.

[92] Lai T. J. , Yan I. K. M. , Yi X. J. , et al. Digital Financial Inclusion and Consumption Smoothing in China [J] . China & World Economy, 2020 (1): 64-93.

[93] Lama L. T. , Lamb M. K. The Association Between Financial Literacy and Problematic Internet Shopping in a Multinational Sample [R] . Addictive Behaviors Reports, 2017 (6): 123-127.

[94] Larcker D. F. , Rusticus T. O. On the Use of Instrumental Variables in Accounting Research [J] . Journal of Accounting and Economics, 2010, 49 (3): 186-205.

[95] Ledgerwood J. The New Microfinance Handbook : A Financial Market System Perspective [R] . World Bank Working Paper, 2013.

[96] Leeladhar V. Taking Banking Services to the Common Man-Financial Inclusion [J] . Reserve Bank of India Bulletin, 2006 (1): 73-77.

[97] Lenka S. K. , Barik R. Has Expansion of Mobile Phone and Internet Use Spurred Financial Inclusion in the SAARC Countries? [J] . Financial Innovation, 2018 (4): 11-19.

[98] LeSage J. , Pace R. K. Introduction to Spatial Econometrics [M] . Chap-

man and Hall/CRC Press, 2009.

［99］ Levine R. Financial Development and Economic Growth: Views and Agenda ［J］. Journal of Economic Literature, 1997, 35 (2): 688–726.

［100］ Leyshon A. , Thrift N. Geographies of Financial Exclusion: Financial Abandonment in Britain and the United States ［J］. Transactions of the Institute of British Geographers, 1995 (20): 312–334.

［101］ Leyshon A. Geographies of Financial Exclusion: Financial ［R］. Abandonment annual Meeting, 1994.

［102］ Long J. B. D. , Summers L. H. Equipment Investment and Economic Growth ［J］. Quarterly Journal of Economics, 1991, 106 (2): 445–502.

［103］ Love I. Financial Development and Financing Constraint: International Evidence from the Structural Investment Model ［J］. The Review of Financial Studies, 2003 (3): 765–791.

［104］ Lucas R. On the Mechanics of Economic Development ［J］. Journal of Monetary Economics, 1988 (22): 3–42.

［105］ Mankiw N. G. Principles of Macroeconomics ［M］. South–western Cengage Learning, 2012: 157–158.

［106］ Manyika J. , Lund S. , Bughin J. Digital Globalization: The New Era of Global Flows ［R］. Washington: MaKinsey Global Institute, 2016.

［107］ Mark W. F. Income Inequality and Economic Growth in the U. S. : A Panel Cointegration Approach ［R］. Business Working Paper, 2005, 3.

［108］ Mbogo M. The Impact of Mobile Payments on the Success and Growth of Micro–Business: The Case of M–Pesa in Kenya ［J］. Journal of Language Technology & Entrepreneurship in Africa, 2010, 2 (1): 182–203.

［109］ Milford B. Due Diligence, An Impertinent Enquiry into Micro–finance ［J］. Review of Radical Political Economics, 2013 (45): 415–419.

［110］ Mollick E. The Dynamics of Crowdfunding: An Exploratory Study ［J］.

Journal of Business Venturing, 2014, 29 (1): 1-16.

[111] Mutsonziwa K., Maposa O. K. Mobile Money a Catalyst for Financial Inclusion in Developing Economies: A Case Study of Zimbabwe Using FinScope Survey Data [J]. GIS-Business, 2016, 12 (4): 45-56.

[112] Nanda K., Kaur M. Financial Inclusion and Human Development: A Cross-country Evidence [J]. Management and Labour Studies, 2016 (41): 127-153.

[113] Nathan H. S. K., Mishra S., Reddy B. S. An Alternative Approach to Measure HDI [R]. IGIDR Working Paper, 2008.

[114] Nicola C., Gambera M. Banking Market Structure, Financial Dependence and Growth: International Evidence from Industry Data [J]. The Journal of Finance, 2002 (4): 617-648.

[115] Ouma S. A., Odongo T. M., Were M. Mobile Financial Services and Financial Inclusion: Is it a Boon for Savings Mobilization? [J]. Review of Development Finance, 2017 (7): 29-35.

[116] Ozili P. K. Impact of Digital Finance on Financial Inclusion and Stability [J]. Borsa Istanbul Review, 2018 (18): 329-340.

[117] Pagano M. Financial markets and growth an overview [J]. European Economic Review, 1993 (37): 613-622.

[118] Panizza U. G. Income Inequality and Economic Growth: Evidence from American Data [J]. Journal of Economic Growth, 2002, 7 (1): 25-41.

[119] Perotti R. Growth, Income Distribution and Democracy: What the Data Say [J]. Journal of Economic Growth, 1996, 1 (2): 149-187.

[120] Peruta M. D. Adoption of Mobile Money and Financial Inclusion: A Macroeconomic Approach Through Cluster Analysis [J]. Economics of Innovation and New Technology, 2018, 27 (2): 154-173.

[121] Preacher K. J., Rucker D. D., Hayes A. F. Assessing Moderated Me-

diation Hypotheses: Theory, Methods, and Prescriptions [J]. Multivariate Behavioral Research, 2007 (42): 185-227.

[122] Rahman Z. A. Developing a Financial Inclusion Index [J]. Central Banking, 2013 (10): 102-108.

[123] Rajan R. G. Insiders and Outsiders: The Choice Between Informed and Arm's-Length Debt [J]. Journal of Finance, 1992 (47): 1367-1400.

[124] Rajan R. G., Zingales L. Power in a Theory of the Firm [J]. The Quarterly Journal of Economics, 1998 (113): 387-432.

[125] Regan S., Paxton W. Beyond Bank Accounts: Full Financial Inclusion [Z]. Production & Design by EMPHASIS, 2003.

[126] Ren B. Y., Li L. Y., Zhao H. M., Zhou Y. B. The Financial Exclusion in the Development of Digital Finance—A Study Based on Survey Data in the Jingjinji Rural Area [J]. Singapore Economic Review, 2018, 63 (1): 65-82.

[127] Rogaly B., Fisher T., Mayo D. Poverty, Social Exclusion and Microfinance in Britain [R]. Oxfam GB and New Economics Foundation, 1999.

[128] Romer P. M. Increasing Returns and Long-Run Growth [J]. Journal of Political Economy, 1986, 94 (5): 1002-1037.

[129] Rooij M. V., Lusardi A., Alessie R. Financial Literacy and Stock Market Participation [J]. Journal of Financial Economics, 2011, 101 (2): 449-472.

[130] Rousseau P. L., Wachtel P. Equity Markets and Growth: Cross-country Evidence on Timing and Outcomes, 1980-1995 [J]. Journal of Banking & Finance, 2000, 24 (12): 259-287.

[131] Sahay R., Cihak M., N'Diaye P. M., et al. Financial Inclusion: Can it Meet Multiple Macroeconomic Goals? [J]. IMF Staff Discussion Notes, 2015: 17.

[132] Sarma M. Index of Financial Inclusion [R]. Discussion Paper, 2010, 5.

[133] Sarma M. Index of Financial Inclusion [R]. Indian Council for Research on International Economic Relations (ICRIER) Working Paper, 2008: 215.

[134] Sarma M. Measuring Financial Inclusion Using Multidimensional Data [J]. World Economics, 2016 (17): 15-43.

[135] Sarma M., Pais J. Financial Inclusion and Development [J]. Journal of International Development, 2011 (23): 613-628.

[136] Servon L. J., Kaestner R. Consumer Financial Literacy and the Impact of Online Banking on the Financial Behavior of Lower-Income Bank Customers [J]. Journal of Consumer Affairs, 2008, 42 (2): 271-305.

[137] Sharma D. Nexus Between Financial Inclusion and Economic Growth Evidence from the Emerging Indian Economy [J]. Journal of Financial Economic Policy, 2016 (8): 13-36.

[138] Shen Y., Hueng J. C., Hu W. X. Using Digital Technology to Improve Financial Inclusion in China [J]. Applied Economics Letters, 2020: 2730-2734.

[139] Sobel R. S. Testing Baumol: Institutional Quality and the Productivity of Entrepreneurship [J]. Journal of Business Venturing, 2008, 23 (6): 641-655.

[140] Stiglitz J. E., Weiss A. Credit Rationing in Markets with Imperfect Information [J]. American Economic Review, 1981, 71 (3): 393-410.

[141] Voorhies R. How Digital Payments Can Transform the Developing World [J]. American Banker, 2014, 179 (169): 19-25.

[142] Weinstein D. E., Yafeh Y. On the Costs of a Bank-Centered Financial System: Evidence from the Changing Main Bank of Relations in Japan [J]. The Journal of Finance, 1998 (4): 637-673.

[143] Wilson K. E., Testoni M. Improving the Role of Equity Crowdfunding in Europe's Capital Markets [C]. Bruegel Policy Contribution, 2014.

[144] Wurgler J. Financial Markets and the Allocation of Capital [J]. Journal of Financial Economics, 2000 (58): 187-214.

[145] Yang Y., Lin R. W. Property Protection, Financial Constraints and Economic Growth [J]. Journal of Shanghai Jiaotong University (Science), 2016, 21

（2）：192-198.

［146］Yeung G., He C., Zhang P. Rural Banking in China: Geographically Accessible but Still Financially Excluded? ［J］. Regional Studies, 2015（51）：297-312.

［147］Yorulmaz R. An Analysis of Constructing Global Financial Inclusion Indices ［J］. Borsa Istanbul Review, 2018（18）：248-258.

［148］Zhao X., Lynch J. G, Chen Q. Reconsidering Baron and Kenny: Myths and Truths about Mediation Analysis ［J］. Journal of Consumer Research, 2010（37）：197-206.

［149］Zins A., Weill L. The Determinants of Financial Inclusion in Africa ［J］. Review of Development Finance, 2016（6）：46-57.

［150］贝多广. 包容·健康·负责任：中国普惠金融发展报告（2019）［M］. 北京：中国金融出版社，2019.

［151］蔡洋萍. 互联网金融：以降低金融交易成本为目标的普惠金融实现模式 ［J］. 西部经济管理论坛，2014（10）：22-26.

［152］钞小静，沈坤荣. 城乡收入差距、劳动力质量与中国经济增长 ［J］. 经济研究，2014，49（6）：30-43.

［153］陈强. 高级计量经济学及 Stata 应用（第二版）［M］. 北京：高等教育出版社，2014.

［154］达摩达尔·N. 古扎拉蒂. 经济计量学精要 ［M］. 张涛译，北京：机械工业出版社，2010.

［155］戴维·罗默. 高级宏观经济学 ［M］. 北京：商务印书馆，2004.

［156］第 45 次中国互联网络发展状况统计报告 ［R］. 中国互联网络信息中心，2020.

［157］董玉峰，陈俊兴，杜崇东. 数字普惠金融减贫：理论逻辑、模式构建与推进路径 ［J］. 南方金融，2020（2）：64-73.

［158］杜强，潘怡. 普惠金融对我国地区经济发展的影响研究——基于省级

面板数据的实证分析 [J]．经济问题探索，2016（3）：178-184．

[159] 范香梅，廖迪．中外金融包容发展差异及其影响因素研究 [J]．经济体制改革，2017（5）：175-180．

[160] 菲利普·科特勒．营销管理（第13版）[M]．卢泰宏，高辉译．北京：中国人民大学出版社，2009．

[161] 冯永琦，蔡嘉慧．数字普惠金融能促进创业水平吗？——基于省级数据和产业结构异质性的分析 [J]．当代经济科学，2021，43（1）：79-90．

[162] 傅秋子，黄益平．数字金融对农村金融需求的异质性影响——来自中国家庭金融调查与北京大学数字普惠金融指数的证据 [J]．金融研究，2018（11）：68-84．

[163] G20数字普惠金融高级原则 [R]．2014．

[164] 高沛星，王修华．我国农村金融排斥的区域差异与影响因素——基于省级数据的实证分析 [J]．农业技术经济，2011（3）：95-104．

[165] 葛和平．中国数字普惠金融的省域差异及影响因素研究 [J]．新金融，2018（349）：47-53．

[166] 古家军，谢凤华．农民创业活跃度影响农民收入的区域差异分析——基于1997—2009年的省级面板数据的实证研究 [J]．农业经济问题，2012，33（2）：19-23．

[167] 郭峰，王靖一，王芳，等．测度中国数字普惠金融发展：指数编制与空间特征 [J]．经济学（季刊），2020（19）：1401-1418．

[168] 郭峰，王瑶佩．传统金融基础、知识门槛与数字金融下乡 [J]．财经研究，2020（1）：19-33．

[169] 郭峰．网络昵称与P2P借贷的成功率和违约率 [J]．经济科学，2016（6）：102-116．

[170] 郭庆旺，贾俊雪．政府公共资本投资的长期经济增长效应 [J]．经济研究，2006（7）：29-40．

[171] 郝云平，雷汉云．数字普惠金融推动经济增长了吗？——基于空间面

板的实证［J］．当代金融研究，2018（3）：90-101.

［172］黄亮雄，孙湘湘，王贤彬．反腐败与地区创业：效应与影响机制［J］．经济管理，2019，41（9）：5-19.

［173］黄群慧，余泳泽，张松林．互联网发展与制造业生产率提升：内在机制与中国经验［J］．中国工业经济，2019（8）：5-23.

［174］黄益平，黄卓．中国的数字金融发展：现在与未来［J］．经济学（季刊），2018，17（4）：1489-1501.

［175］黄益平．普惠金融难度大，互联网金融解决了痛点［J］．金融经济，2016，435（9）：21-22.

［176］黄余送．我国数字普惠金融的实践探索［J］．清华金融评论，2016（12）：37-40.

［177］姜振水．农村数字普惠金融发展与实现路径［J］．农村金融研究，2017（4）：49-53.

［178］蒋长流，江成涛．数字普惠金融能否促进地区经济高质量发展？——基于258个城市的经验证据［J］．湖南科技大学学报（社会科学版），2020，23（3）：75-84.

［179］焦瑾璞，黄亭亭，汪天都，等．中国普惠金融发展进程及实证研究［J］．上海金融，2015（4）：12-22.

［180］焦瑾璞，孙天琦，黄亭亭，等．数字货币与普惠金融发展——理论框架、国际实践与监管体系［J］．金融监管研究，2015（7）：19-35.

［181］荆文君，孙宝文．数字经济促进经济高质量发展：一个理论分析框架［J］．经济学家，2019（2）：66-73.

［182］克里斯·斯金纳．互联网银行：数字化新金融时代［M］．张建敏，译．北京：中信出版社，2015.

［183］兰永琳，沈峰春，胡仕豪，等．金融消费者教育的国际经验与借鉴［J］．福建金融，2017（9）：50-54.

［184］李春霄，贾金荣．我国金融排斥程度研究——基于金融排斥指数的编

制与测算［J］．当代经济科学，2012（3）：9-15.

［185］李继尊．关于互联网金融的思考［J］．管理世界，2015（7）：1-16.

［186］李立威，景峰．互联网扩散与经济增长的关系研究——基于我国31个省份面板数据的实证检验［J］．北京工商大学学报，2013（3）：120-126.

［187］李柳颖．我国数字普惠金融对包容性增长的影响研究［D］．天津财经大学，2019.

［188］李苗苗，肖洪钧，赵爽爽．金融发展、技术创新与经济增长的关系研究——基于中国的省市面板数据［J］．中国管理科学，2015（2）：162-169.

［189］李涛，徐翔，孙硕．普惠金融与经济增长［J］．金融研究，2016（4）：1-15.

［190］梁榜，张建华．中国普惠金融创新能否缓解中小企业的融资约束［J］．中国科技论坛，2018（11）：94-105.

［191］廖婧琳，胡妍，项后军．数字普惠金融发展缓解了企业融资约束吗？——基于企业社会责任的调节效应［J］．云南财经大学学报，2020，36（9）：73-87.

［192］廖婧琳，周利．数字普惠金融、受教育水平与家庭风险金融资产投资［J］．现代经济探讨，2020（1）：42-53.

［193］林毅夫，孙希芳．银行业结构与经济增长［J］．经济研究，2008（9）：31-45.

［194］刘波，王修华，彭建刚．金融包容水平与地区收入差距——基于湖南省87个县（市）2008—2012年的经验数据［J］．当代财经，2014（11）：46-56.

［195］刘丹，方锐，汤颖梅．数字普惠金融发展对农民非农收入的空间溢出效应［J］．金融经济学研究，2019（3）：57-66.

［196］刘国强．我国消费者金融素养现状研究——基于2017年消费者金融素养问卷调查［J］．金融研究，2018（3）：1-20.

［197］刘海二．手机银行可以解决农村金融难题吗——互联网金融的一个应

用 [J]．财经科学，2014（7）：32-40.

[198] 刘金全，于惠春．我国固定资产投资和经济增长之间影响关系的实证分析 [J]．统计研究，2002（1）：26-29.

[199] 龙云飞，李晶．普惠金融发展与地区经济增长相关性研究——基于31省市2015年截面数据视角 [J]．西南金融，2017（10）：22-28.

[200] 陆凤芝，黄永兴，徐鹏．中国普惠金融的省域差异及影响因素 [J]．金融经济学研究，2017（1）：111-120.

[201] 陆静．金融发展与经济增长关系的理论与实证研究——基于中国省级面板数据的协整分析 [J]．中国管理科学，2012，20（1）：177-184.

[202] 陆铭，陈钊，万广华．因患寡，而患不均——中国的收入差距、投资、教育和增长的相互影响 [J]．经济研究，2005（12）：4-14.

[203] 吕家进．发展数字普惠金融的实践与思考 [J]．清华金融评论，2016（12）：22-25.

[204] 吕勇斌，邓薇，颜洁．金融包容视角下我国区域金融排斥测度与影响因素的空间分析 [J]．宏观经济研究，2015（12）：51-62.

[205] 马德功，韩喜昆，赵新．互联网消费金融对我国城镇居民消费行为的促进作用研究 [J]．财税研究，2017（9）：19-27.

[206] 彭俞超．金融功能观视角下的金融结构与经济增长 [J]．金融研究，2015（1）：32-49.

[207] 普惠金融数字化转型的行业实践 [R]．京东金融研究院与中国社会科学院中小企业研究中心，2018.

[208] 齐红倩，李志创．中国普惠金融的发展水平测度——基于不同目标群体的实证研究 [J]．数量经济技术经济研究，2019（5）：101-117.

[209] 钱海章，陶云清，曹松威，等．中国数字金融发展与经济增长的理论与实证 [J]．数量经济技术经济研究，2020（6）：26-46.

[210] 邱峰．互联网金融践行普惠金融之本 [J]．金融会计，2014（10）：42-46.

［211］邱晗，黄益平，纪洋．金融科技对传统银行行为的影响——基于互联网理财的视角［J］．金融研究，2018（11）：17-29.

［212］邱皓政．当 PLS 遇上 SEM：议题与对话［J］．量化研究学刊，2011，3（1）：20-53.

［213］全球标准制定机构与普惠金融——不断演变中的格局［R］．www.gpfi.org，2016，3：46.

［214］全球数字化银行的战略实践与启示［EB/OL］．www.mckinsey.com.cn.

［215］瑞闻．全球电信服务价格持续下降 互联网普及率仍有待提高［N］．人民日报，2020-05-02.

［216］沈燕，扈文秀．基于空间效应分析的数字普惠金融跨国测度研究［J］．管理学家，2020（13）：49-52.

［217］宋汉光，周豪，余霞民．金融发展不均衡、普惠金融体系与经济增长［J］．金融发展评论，2014（5）：122-133.

［218］宋晓玲，侯金晨．互联网使用状况能否提升普惠金融发展水平——来自 25 个发达国家和 40 个发展中国家的经验证据［J］．管理世界，2017（1）：172-173.

［219］孙继国，韩开颜，胡金焱．数字金融是否减缓了相对贫困？——基于CHFS 数据的实证研究［J］．财经论丛，2020（12）：50-60.

［220］滕磊，徐露月．数字普惠金融对中小企业创新的影响研究［J］．华北金融，2020（8）：71-77.

［221］田霖．普惠金融：新型危机背景下金融地理学视阈的新拓展［J］．经济理论与经济管理，2013（1）：69-78.

［222］田霖．我国农村普惠金融的区域差异与影响要素解析［J］．金融理论与实践，2012（11）：39-48.

［223］王国红．中国金融包容指标体系的构建［J］．湖北经济学院学报，2015，13（1）：8.

［224］王琨，闫伟．创业对经济增长的影响［J］．经济与管理研究，2016，37（6）：12-19.

［225］王少平，欧阳志刚．我国城乡收入差距的度量及其对经济增长的效应［J］．经济研究，2007，42（10）：44-55.

［226］王曙光，王东宾．金融减贫：中国农村微型金融发展的掌政模式［M］．北京：中国发展出版社，2012.

［227］王巍，陶长高．中国资本市场发展与经济增长：理论与实证分析［J］．经济问题，2010（8）：17-21.

［228］王伟，田杰，李鹏．我国金融排除度的空间差异及影响因素分析［J］．西南金融，2011（3）：13-17.

［229］王晓．国际组织对数字普惠金融监管的探索综述［J］．上海金融，2016（10）：75-77.

［230］王晓丽，李西营，邵景进．形成性测量模型：结构方程模型的新视角［J］．心理科学进展，2011（2）：293-300.

［231］王修华，关键，谷溪．中国农村普惠金融的省际差异及影响因素［J］．经济评论，2016（4）：13.

［232］王修华，关键．中国农村金融包容水平测度与收入分配效应［J］．中国软科学，2014（8）：150-161.

［233］王修华，谭开通．农户信贷排斥形成的内在机理及其经验检验——基于中国微观调查数据［J］．中国软科学，2012（6）：139-150.

［234］王瑶佩，郭峰．区域数字金融发展与农户数字金融参与：渠道机制与异质性［J］．金融经济学研究，2019（3）：84-95.

［235］王叶军．创业活力对城市经济增长的影响［J］．浙江社会科学，2019（2）：11-18+27+155.

［236］王颖．以普惠金融促进包容性增长［N］．人民日报，2014-04-18.

［237］王宇熹，杨少华．金融素养理论研究新进展［J］．上海金融，2014（3）：26-33.

［238］魏志华，曾爱民，李博．金融生态环境与企业融资约束——基于中国上市公司的实证研究［J］．会计研究，2014（5）：73-80.

［239］温忠麟，张雷，侯杰泰，等．中介效应检验程序及其应用［J］．心理学报，2004，36（5）：614-620.

［240］吴茂国，陈影．金融聚集对我国区域经济增长的空间溢出效应研究［J］．上海金融，2018（11）：72-86.

［241］吴晓求．互联网金融：成长的逻辑［J］．财贸经济，2015（2）：5-15.

［242］夏平凡，何启志．互联网普及、数字普惠金融与经济增长［J］．合肥工业大学学报（社会科学版），2019，33（2）：11-19.

［243］肖晶．金融包容的国际比较及实施路径思考［J］．经济体制改革，2017（1）：168-173.

［244］肖翔，洪欣．普惠金融指数的编制研究［J］．武汉金融，2014（9）：7-11.

［245］谢平，邹传伟，刘海二．互联网金融监管的必要性与核心原则［J］．国际金融研究，2014（8）：3-9.

［246］谢平，邹传伟．互联网金融模式研究［J］．金融研究，2012（12）：11-21.

［247］谢绚丽，沈艳，张皓星，等．数字金融能促进创业吗？——来自中国的证据［J］．经济学，2018（7）：1557-1580.

［248］熊德平，陈昱燃．数字普惠金融发展对城乡收入差距的影响——基于非均衡效应与门槛效应的实证分析［J］．长白学刊，2020（5）：99-106.

［249］徐敏，张小林．金融集聚、产业结构升级与城乡居民收入差距［J］．金融论坛，2014，19（12）：26-32.

［250］杨恺钧，褚天威．互联网发展、交通运输及进口贸易关系研究——基于中国省级面板数据空间计量分析［J］．经济问题，2016（6）：95-100.

［251］杨伟明，粟麟，王明伟．数字普惠金融与城乡居民收入——基于经济

增长与创业行为的中介效应分析 [J]. 上海财经大学学报，2020（22）：83-94.

［252］尹应凯，侯蕤. 数字普惠金融的发展逻辑、国际经验与中国贡献 [J]. 学术探索，2017（3）：104-111.

［253］于同申，陈慧慧，侯金莉. 中国金融发展与经济增长的关系分析 [J]. 生产力研究，2012（7）：39-40.

［254］喻平，豆俊霞. 数字普惠金融、企业异质性与中小微企业创新 [J]. 当代经济管理，2020，42（12）：79-87.

［255］袁鲲，曾德涛. 区际差异、数字金融发展与企业融资约束——基于文本分析法的实证检验 [J]. 山西财经大学学报，2020，42（12）：40-52.

［256］苑珂珂，宋良荣. 普惠金融绩效评价指标构建及其应用研究 [J]. 金融理论与实践，2017（11）：67-70.

［257］曾刚，何炜. 中国普惠金融创新报告（2020）[M]. 北京：社会科学文献出版社，2020：11.

［258］詹韵秋. 数字普惠金融对经济增长数量与质量的效应研究——基于省级面板数据的系统 GMM 估计 [J]. 征信，2018（8）：51-58.

［259］张国俊，周春山，许学强. 中国金融排斥的省级差异及影响因素 [J]. 地理研究，2014（12）：2299-2311.

［260］张号栋，尹志超. 金融知识和中国家庭的金融排斥——基于 CHFS 的实证研究 [J]. 金融研究，2016（7）：80-95.

［261］张贺，白钦先. 数字普惠金融减小了城乡收入差距吗？——基于中国省级数据的面板门槛回归分析 [J]. 经济问题探索，2018（10）：122-129.

［262］张欢欢. 普惠金融视角下农村居民的金融素养特征与影响因素研究 [J]. 农业现代化研究，2017（11）：1027-1035.

［263］张李义，涂奔. 互联网金融对中国城乡居民消费的差异化影响——从消费金融的功能性视角出发 [J]. 财贸研究，2017，28（8）：70-83.

［264］张李义，涂奔. 互联网金融发展对中国经济增长影响的实证 [J]. 统计与决策，2017（11）：143-147.

［265］张龙耀，张海宁．金融约束与家庭创业——中国的城乡差异［J］．金融研究，2013（9）：123-135.

［266］张明妍，王岩，马兴．创业与经济发展的关系——基于 GEM 的实证研究［J］．技术与创新管理，2017，38（4）：393-396.

［267］张晓燕．互联网金融背景下普惠金融发展对城乡收入差距的影响［J］．财会月刊，2016（17）：94-97.

［268］张勋，万广华，张佳佳，等．数字经济、普惠金融与包容性增长［J］．经济研究，2019（8）：71-86.

［269］张子豪，谭艳芝．数字普惠金融与中国城乡收入差距——基于空间计量模型的实证分析［J］．金融理论与实践，2018（6）：1-7.

［270］郑雅心．数字普惠金融是否可以提高区域创新产出？——基于我国省级面板数据的实证研究［J］．经济问题，2020（10）：53-61.

［271］郑之杰．普惠金融：人人享有融资权［N］．经济日报，2013-12-02.

［272］郑志强．数字普惠金融、空间溢出与农村减贫［J］．西南交通大学学报（社会科学版），2020，21（2）：108-118.

［273］中国普惠金融发展报告（2020）［R］．中国普惠金融国际论坛，2020.

［274］中国人民银行成安县支行课题组．构建金融消费者权益保护投诉管理平台的设想［J］．河北金融，2020（6）：50-53.

［275］周立，王子明．中国各地区金融发展与经济增长实证分析：1978—2000［J］．金融研究，2002（10）：1-13.

［276］朱涛，钱锐，李苏南．金融素养与教育水平对家庭金融行为影响的实证研究［J］．金融纵横，2015（5）：85-93.

［277］2017 互联网+金融研究报告［R］．艾媒报告，www.iimedia.cn.

［278］2017 联合国人类发展指数报告［R］．http：//hdr.undp.org.

［279］2017 消费者金融素养调查分析报告［R］．中国人民银行，www.

pbc. gov. cn.

[280] 2017 中国网民权益保护调查报告 [R] . https：//home. isc. org. cn.

[281] 2018 农村地区支付业务发展总体情况 [R] . 中国人民银行 .

[282] 2018 中国第三方支付年度数据 [R] . 艾瑞咨询，www. iimedia. cn.

[283] 2019 年中国普惠金融指标分析报告 [R] . 人民银行金融消费权益保护局 .

[284] 2019 年中国区域金融运行报告 [R] . 中国人民银行 .

附录1　互联网及互联网金融使用状况调查

1. 请问您每天上网时长大约为（包括使用手机上网和电脑上网两种上网方式）

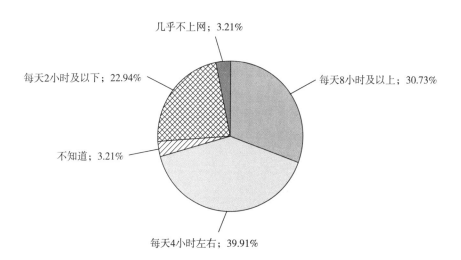

2. 请问您觉得您对互联网的依赖是什么程度
3. 请问您对第三方支付（微信、支付宝、快钱、百度钱包、财付通等）的使用程度
4. 请问您的受教育程度

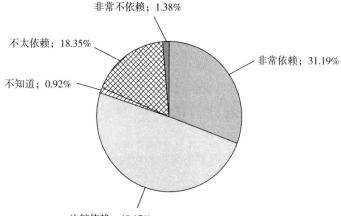

非常不依赖；1.38%

不太依赖；18.35%

不知道；0.92%

非常依赖；31.19%

比较依赖；48.17%

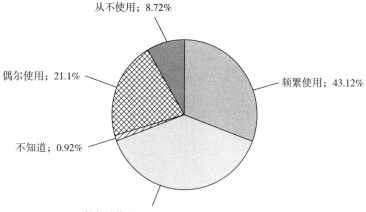

从不使用；8.72%

偶尔使用；21.1%

频繁使用；43.12%

不知道；0.92%

较频繁使用；26.15%

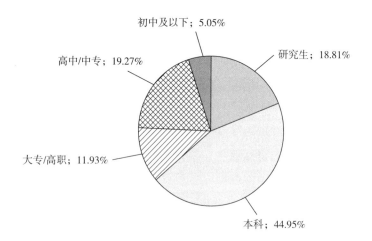

初中及以下；5.05%

高中/中专；19.27%

研究生；18.81%

大专/高职；11.93%

本科；44.95%

5. 请问您是否拥有自己名下的银行信用卡（信用卡又叫贷记卡，持卡人在信用额度内可以先消费后还款）

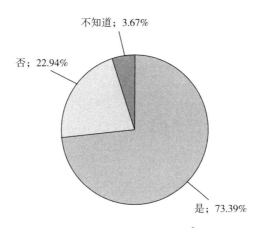

6. 请问您对银行理财产品的购买参与程度（银行理财产品是银行针对特定客户群开发设计并销售的资金投资和管理计划）

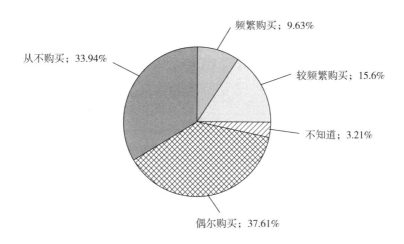

7. 请问您对股票的购买参与程度

8. 请问您对商业保险（意外险、财险、重大疾病险等）的购买情况

9. 请问您是否曾经在银行或其他正规金融机构有贷款（房贷、汽车贷款或消费信贷）

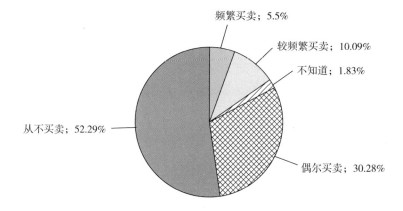

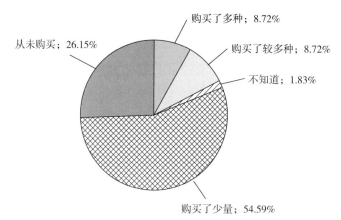

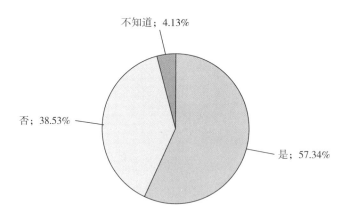

10. 请问您对互联网投资理财产品或平台（余额宝、理财通、陆金服、人人贷、拍拍贷等）的投资参与程度

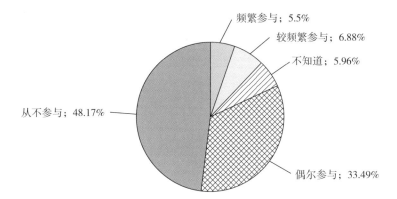

11. 请问您对众筹项目或平台（京东众筹、淘宝众筹、爱就投、多彩投、人人创等）的投资参与程度

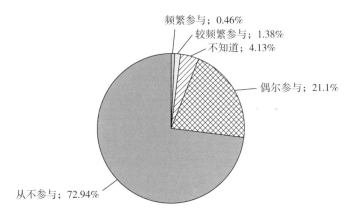

12. 请问您对互联网消费信贷产品（蚂蚁花呗、京东白条等）的使用参与程度

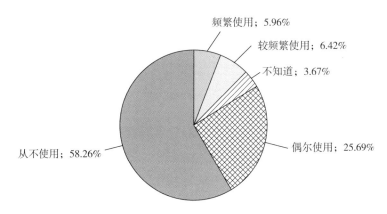

13. 请问您是否曾经在互联网金融平台（人人贷、拍拍贷等 P2P 平台、众筹平台等）上借过钱

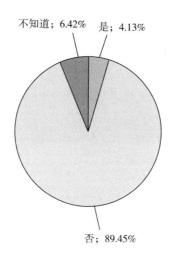

14. 请问您对"互联网金融可以让居住在偏远地区的居民获得金融服务和金融产品"这一观点的看法是

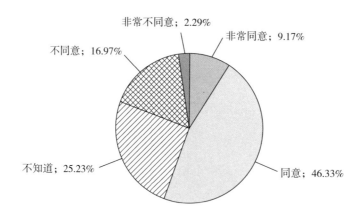

15. 请问您对"居民可以在互联网上进行更多适合自己的金融活动（投资理财、借贷等）"这一观点的看法是

16. 请问您对"与线下银行产品及服务相比，互联网金融产品对居民的投资金额要求更低，手续费更低"这一观点的看法是

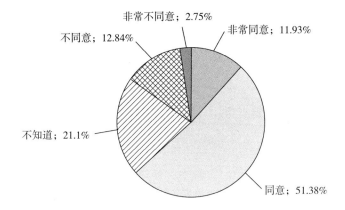

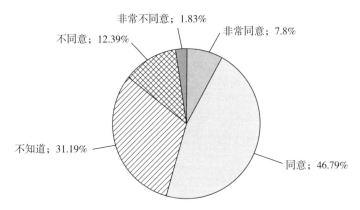

17. 请问您的性别

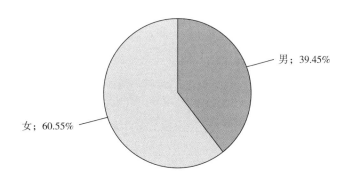

18. 请问您的月收入大概是

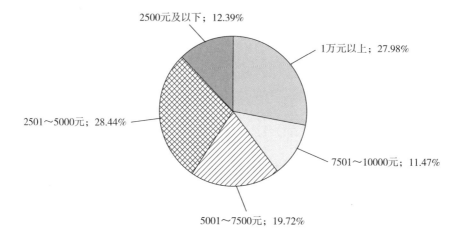

19. 请问您的年龄

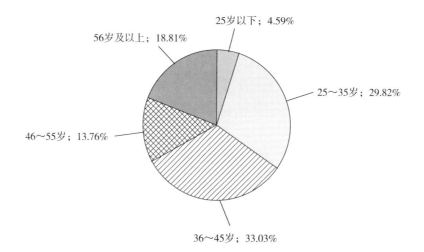

附录 2　高收入国家数字普惠金融指数及分指数

国家	IDFI	可接触性分指数	使用性分指数	金融素养及能力分指数
瑞典	0.9219	0.8333	0.9611	0.8761
荷兰	0.8817	0.8100	0.9250	0.8241
丹麦	0.8609	0.8419	0.9934	0.7331
芬兰	0.8361	0.7684	0.9684	0.7139
澳大利亚	0.8112	0.8012	0.8396	0.7489
新加坡	0.8032	0.7713	0.6484	0.9890
新西兰	0.8031	0.8024	0.9025	0.6809
比利时	0.8022	0.7692	0.7856	0.7857
加拿大	0.7818	0.8249	0.8638	0.6589
美国	0.7677	0.8621	0.8247	0.6513
瑞士	0.7514	0.8640	0.7257	0.6998
日本	0.7453	0.8438	0.5134	0.9782
卢森堡	0.7406	0.9148	0.7333	0.6606
韩国	0.7285	0.8460	0.8223	0.5714
波兰	0.7124	0.7257	0.6653	0.7186
法国	0.7119	0.7572	0.6518	0.7162
捷克共和国	0.7047	0.7304	0.6603	0.6976
马耳他	0.6965	0.7594	0.5916	0.7472
爱沙尼亚	0.6938	0.7939	0.8590	0.4809

国家	IDFI	可接触性分指数	使用性分指数	金融素养及能力分指数
奥地利	0.6933	0.8121	0.6745	0.6305
德国	0.6774	0.7716	0.7726	0.5138
爱尔兰	0.6382	0.7645	0.5877	0.6036
斯洛文尼亚	0.6318	0.7437	0.6141	0.5671
卡塔尔	0.6269	0.8152	0.4900	0.6693
斯洛伐克	0.6256	0.7646	0.5714	0.5903
阿曼	0.6240	0.7351	0.5039	0.6693
以色列	0.5965	0.7575	0.6039	0.4870
立陶宛	0.5632	0.7279	0.5606	0.4593
葡萄牙	0.5615	0.7097	0.4501	0.5870
拉脱维亚	0.5568	0.7478	0.7122	0.2901
西班牙	0.5566	0.8125	0.4784	0.5051
阿联酋	0.5338	0.8564	0.6150	0.2986
意大利	0.5213	0.6258	0.4098	0.5476
匈牙利	0.5132	0.7114	0.4193	0.4967
塞浦路斯	0.5122	0.7853	0.4670	0.4180
科威特	0.4872	0.8405	0.3902	0.4117
智利	0.4315	0.7528	0.3986	0.2938
特立尼达和多巴哥	0.3994	0.6165	0.2738	0.3875
沙特阿拉伯	0.3976	0.7286	0.3731	0.2356
希腊	0.3738	0.5807	0.3363	0.2898
乌拉圭	0.3488	0.5909	0.2788	0.2865

附录3 中高收入国家数字普惠金融指数及分指数

国家	IDFI	可接触性分指数	使用性分指数	金融素养及能力分指数
中国	0.5036	0.5165	0.5161	0.4380
伊朗	0.4643	0.5869	0.6121	0.2539
俄罗斯	0.4131	0.7483	0.4543	0.2011
马来西亚	0.4087	0.7339	0.4576	0.1768
毛里求斯	0.3976	0.5864	0.1266	0.5398
南非	0.3726	0.5289	0.3099	0.3466
土耳其	0.3718	0.6076	0.3963	0.2120
保加利亚	0.3694	0.6392	0.2623	0.3129
哥斯达黎加	0.3632	0.7035	0.2921	0.2506
黎巴嫩	0.3371	0.6875	0.1255	0.3481
泰国	0.3340	0.5422	0.3031	0.2204
塞尔维亚	0.3298	0.6745	0.2691	0.1880
罗马尼亚	0.3261	0.6162	0.2204	0.2440
马其顿	0.3201	0.5730	0.2634	0.2186
黑山	0.3073	0.7199	0.2284	0.1235
哈萨克斯坦	0.3063	0.7065	0.2774	0.1227
巴拿马	0.3034	0.5328	0.1325	0.3032
巴西	0.3018	0.6684	0.2568	0.1527
阿尔巴尼亚	0.2963	0.6268	0.0999	0.2724

续表

国家	IDFI	可接触性分指数	使用性分指数	金融素养及能力分指数
多米尼加	0.2825	0.5425	0.1740	0.2319
波黑	0.2790	0.6553	0.1770	0.1403
墨西哥	0.2676	0.5921	0.1273	0.2140
阿尔及利亚	0.2642	0.4308	0.0759	0.3011
哥伦比亚	0.2638	0.5970	0.1523	0.1702
秘鲁	0.2552	0.4780	0.1212	0.2168
牙买加	0.2129	0.5107	0.1675	0.0046

附录 4　中低收入国家数字普惠金融指数及分指数

国家	IDFI	可接触性分指数	使用性分指数	金融素养及能力分指数
肯尼亚	0.5814	0.7308	0.8114	0.1837
吉布提	0.3987	0.4942	0.5215	0.4868
巴基斯坦	0.3093	0.2211	0.0853	0.3237
摩尔多瓦	0.3009	0.4756	0.1697	0.0134
不丹	0.2943	0.4373	0.4308	0.1859
乌克兰	0.2827	0.4185	0.2968	0.2036
阿根廷	0.2812	0.7311	0.1835	0.0917
约旦	0.2648	0.7610	0.1133	0.2002
菲律宾	0.2636	0.5880	0.1057	0.0850
亚美尼亚	0.2600	0.6859	0.1844	0.0945
孟加拉国	0.2518	0.4549	0.2588	0.1472
越南	0.2499	0.6165	0.1232	0.0512
格鲁吉亚	0.2470	0.6099	0.2067	0.2521
印度	0.2378	0.3355	0.1248	0.3055
危地马拉	0.2365	0.2455	0.1076	0.0965
阿塞拜疆	0.2241	0.7098	0.0718	0.2115
加纳	0.2221	0.3115	0.2151	0.1022
摩洛哥	0.2151	0.5983	0.0469	0.1754
柬埔寨	0.1930	0.3428	0.0669	0.2072

国家	IDFI	可接触性分指数	使用性分指数	金融素养及能力分指数
尼加拉瓜	0.1885	0.2016	0.0813	0.1466
莫桑比克	0.1874	0.0679	0.2594	0.0975
伊拉克	0.1866	0.4587	0.0734	0.1914
洪都拉斯	0.1862	0.2062	0.1437	0.0028
伯利兹	0.1587	0.3063	0.0951	0.0189
吉尔吉斯	0.1551	0.3876	0.1244	0.1250
老挝	0.1305	0.1384	0.0335	0.0384
苏丹	0.1301	0.2800	0.0997	0.0288
缅甸	0.0841	0.0723	0.0159	0.2878

附录5 低收入国家数字普惠金融指数及分指数

国家	IDFI	可接触性分指数	使用性分指数	金融素养及能力分指数
津巴布韦	0.3624	0.4340	0.5144	0.1055
卢旺达	0.2453	0.2401	0.3269	0.0813
赞比亚	0.2296	0.2040	0.3069	0.1243
科摩罗	0.2173	0.0796	0.1065	0.2647
中非	0.1991	0.0334	0.0164	0.3043
乍得	0.1951	0.0320	0.1402	0.2015
几内亚	0.1741	0.1022	0.1236	0.1474
马达加斯加	0.1409	0.0882	0.1081	0.1155
阿富汗	0.1221	0.1554	0.0109	0.0429

附录6 31个省份原始数据描述性统计（按年份）

变量	N	mean	sd	min	max
2013					
lnGDP	31	3.776	0.402	3.142	4.606
IDFI	31	0.595	0.130	0.450	0.951
LABOUR	31	0.248	0.056	0.180	0.419
INF	31	1.028	0.005	1.022	1.039
TRADE	31	0.302	0.345	0.041	1.342
GOV	31	0.27	0.205	0.121	1.244
EDU	31	0.539	0.227	0.322	1.479
2014					
lnGDP	31	3.847	0.395	3.275	4.656
IDFI	31	0.553	0.139	0.436	1.000
LABOUR	31	0.243	0.057	0.174	0.407
INF	31	1.020	0.004	1.015	1.029
TRADE	31	0.290	0.317	0.046	1.216
GOV	31	0.272	0.213	0.121	1.287
EDU	31	0.540	0.257	0.304	1.661
2015					
lnGDP	31	3.891	0.396	3.264	4.682
IDFI	31	0.406	0.164	0.299	0.986

续表

变量	N	mean	sd	min	max
LABOUR	31	0.234	0.057	0.166	0.414
INF	31	1.015	0.004	1.006	1.026
TRADE	31	0.245	0.270	0.044	1.114
GOV	31	0.294	0.221	0.131	1.346
EDU	31	0.575	0.296	0.306	1.87
2016					
lnGDP	31	3.955	0.400	3.319	4.772
IDFI	31	0.405	0.180	0.291	0.970
LABOUR	31	0.225	0.055	0.158	0.421
INF	31	1.018	0.005	1.011	1.032
TRADE	31	0.220	0.243	0.032	1.022
GOV	31	0.294	0.226	0.129	1.379
EDU	31	0.568	0.261	0.300	1.613
2017					
lnGDP	31	4.026	0.396	3.350	4.860
IDFI	31	0.392	0.182	0.268	0.940
LABOUR	31	0.217	0.060	0.129	0.433
INF	31	1.016	0.004	1.009	1.028
TRADE	31	0.224	0.241	0.016	1.022
GOV	31	0.290	0.210	0.124	1.283
EDU	31	0.464	0.196	0.254	1.242

后　记

2016 年 9 月，中国政府在 G20 杭州峰会上发布了《G20 数字普惠金融高级原则》，第一次强调了数字技术是普惠金融发展的关键推动力，把推广数字普惠金融上升到政府战略层面。从此，数字普惠金融成为中国普惠金融战略框架的组成部分，在金融改革与发展战略中占据着越来越重要的核心地位。《中华人民共和国国民经济和社会发展第十四个五年规划和 2035 年远景目标纲要》强调，要健全具有高度适应性、竞争力、普惠性的现代金融体系，构建金融有效支持实体经济的体制机制，增强金融普惠性。《"十四五"国家信息化规划》提出"数字普惠金融服务"优先行动，为促进共同富裕背景下，全面推进数字普惠金融服务建设与发展明确了重点方向。

我从 2017 年起展开数字普惠金融对我国及其他各国经济增长的影响研究。与已有研究相比，我更加注重对这一问题研究的系统性和整体性，从现状研究到机理研究，从国内纵向比较到国际横向比较，对数字普惠金融影响经济增长形成了较为系统的认识。2017 年秋至 2018 年秋，我在美国西密歇根大学经济系访学期间，进一步了解到美国数字普惠金融发展的现状及存在的问题，对如何借鉴美国经验进行我国数字普惠金融产品创新展开了研究，推进了我对数字普惠金融如何影响经济增长的整体认识。

在各国重视和强调发展数字普惠金融的背景下，本书构建了两个数字普惠金融发展水平测度指标体系，一个用于国家层面，一个用于国内地区层面，在衡量了数字普惠金融发展水平的基础上可以进行更多的实证研究。本书研究的时间跨度为2013~2017年，正是数字普惠金融快速发展的五年，它给各个国家和地区特别是中国经济带来了很多的是正向促进作用。从长远来看，各个国家及地区的经济要想继续受惠于数字普惠金融必须要从加强信息基础设施建设、数字金融产品创新、金融素养提升和差异化政策这几个方面着手。如何有效地将金融产品与最新的技术进行融合、如何为数字普惠金融服务真正做到市场化定价、如何在利用大数据提供服务的同时保护消费者的权利和隐私都是值得继续深入研究的问题。本书对初步研究成果的整理出版，目的在于推动学术界对数字普惠金融的测度及其对经济领域的影响展开更为持续且深入的研究。

本书在编辑和出版过程中，得到了经济管理出版社的大力支持，在此致以由衷的感谢！

沈　燕

2021 年 12 月